Régine Pernoud est une médiéviste mondialement connue. Docteur ès lettres, ancienne élève de l'Ecole des Chartes et de l'Ecole du Louvre, elle a été conservateur au musée des beaux-arts de Reims, puis au musée de l'Histoire de France aux Archives nationales. Elle est l'auteur de nombreux ouvrages dont *Les Croisés* (1959), *Aliénor d'Aquitaine* (1965), *Héloïse et Abélard* (1970), *Pour en finir avec le Moyen Age* (1976), *Histoire de la Bourgeoisie en France* (1977,) *La Femme au temps des cathédrales* (1980), plusieurs ouvrages sur la vie de Jeanne d'Arc dont *J'ai nom Jeanne la Pucelle* (Découvertes Gallimard, 1994) et *Les Templiers* (Que Sais-je?, 1974). Elle est docteur *honoris causa* des universités de Rio de Janeiro et de Paxton, Massachusetts.

A Claude-Clément Perrot,
dont les recherches scientifiques
ont amené à une meilleure connaissance
de l'histoire des Templiers.

1er dépôt légal : septembre 1995
Dépôt légal : avril 1998
Numéro d'édition : 85786
ISBN : 2-07-053286-0
Imprimerie Kapp Lahure Jombart à Évreux

LES TEMPLIERS
CHEVALIERS DU CHRIST

Régine Pernoud

DÉCOUVERTES GALLIMARD
HISTOIRE

En 1099, les croisés de Godefroi de Bouillon prennent Jérusalem. Reste à défendre ce poste avancé de la chrétienté. En 1118, neuf chevaliers francs décident de consacrer leur vie à la cause des pèlerins en Terre sainte ; ils prennent d'abord le nom de «Pauvres Chevaliers du Christ», puis, après que Baudouin II leur a donné pour résidence une salle de son palais de l'esplanade du Temple, il deviennent les chevaliers du Temple – les Templiers.

CHAPITRE PREMIER

LES PAUVRES CHEVALIERS DU CHRIST

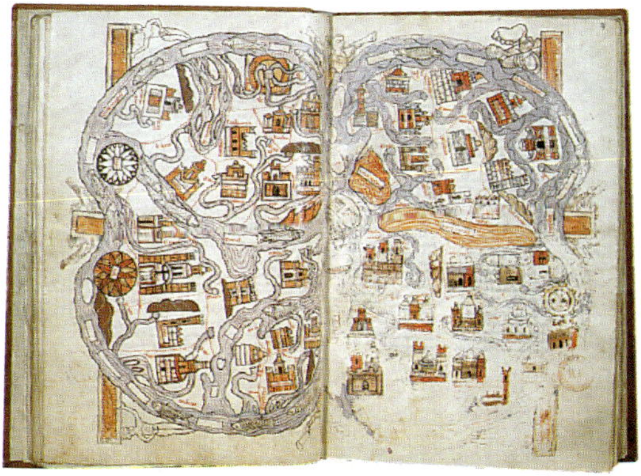

Jérusalem (à droite), n'a cessé de susciter la ferveur des chrétiens, qui se traduit par un mouvement de pèlerinages, devenu intense dès le IVe siècle. C'est à sa défense que vont se vouer, huit cents ans plus tard, les Templiers (à gauche).

Premiers pèlerins en Terre sainte

Lorsque le pape Urbain II, en 1095, a déclenché la «première croisade», ce n'était en fait que l'aboutissement d'une longue série d'appels et de nouvelles menaçantes venues de cette Terre sainte si chère au cœur des chrétiens. Jérusalem, où le Christ est mort et ressuscité, n'avait cessé depuis la christianisation de l'Empire romain d'attirer les pèlerins. Dès le IVe siècle, des récits, comme celui d'Egérie, attestent des étapes usuelles du pèlerinage : l'emplacement du Golgotha, l'«Anastasis», la rotonde que l'empereur byzantin Constantin et sainte Hélène, sa mère, ont fait bâtir au-dessus du tombeau dont le Christ est ressorti vainqueur. A la même époque (392), saint Jérôme – le rédacteur de la Vulgate, traduction latine de la Bible – a fondé deux monastères, l'un pour les hommes, l'autre pour les femmes, à Bethléem, car déjà l'affluence des pèlerins était telle à Jérusalem qu'ils ne pouvaient y trouver le recueillement indispensable.

Pour traduire la Bible en latin, saint Jérôme (331-420) s'établit en Palestine (à droite),où, avec de savants rabbins, il étudia les textes de base hébraïques et araméens. Plusieurs dames de la société romaine, que ce travail passionnait, le suivirent ; ce sont elles qui créèrent les premiers monastères de femmes à Bethléem.

Jérusalem, ville arabe et islamique

L'histoire de Jérusalem porte en elle-même tous les germes qui en feront à la fois un puissant symbole religieux et le théâtre de tous les conflits. En 614, la Ville sainte est tombée aux mains des Perses Sassanides. Mais Héraclius, l'empereur chrétien de

Deux chevaliers partant pour la Terre sainte : une image emblématique. Leur tenue est celle du combattant de leur temps : cotte de mailles (bien visible sur celui de droite), heaume marqué de la croix, le caparaçon du cheval reproduisant le blason qui permet, sur l'écu, de reconnaître le combattant.

Byzance, les en a chassés quatorze ans plus tard. Peu après, Mahomet prêche l'islam, dont un des préceptes de base prône le «jihad», la guerre sainte. Dès le VIIe siècle, les musulmans se sont emparés de la Palestine, de la Syrie et de l'Egypte, détruisant au passage les nombreuses églises de la région. Mais le calife Omar, arrivé à Jérusalem en 637, n'a pas touché la rotonde du Saint-Sépulcre. La ville est devenue un des hauts lieux de l'islam : le Coran reconnaît le caractère sacré de l'enseignement de Jésus, tout en le subordonnant à l'autorité du prophète Mahomet.

Au IXe siècle, Charlemagne a obtenu que les pèlerinages chrétiens fussent autorisés vers Jérusalem et deux monastères ont même été établis, l'un sur le mont Sion pour les moines, l'autre pour les moniales, près du Saint-Sépulcre. Tant bien que mal, les pèlerinages se sont poursuivis. La situation s'est aggravée brusquement lorsque les Fâtimides, implantés en Afrique du Nord, basés au Caire, ont pris Jérusalem en 969; le calife al-Hâkîm, un fondamentaliste d'une intransigeante brutalité, a donné l'ordre de détruire la rotonde du Saint-Sépulcre.

Les chroniques arabes ont soigneusement relaté cet événement (18 octobre 1009), précisant que le calife,

Ville sainte pour les chrétiens (ci-dessous, des pèlerins à la rotonde du Saint-Sépulcre), Jérusalem l'est aussi pour les musulmans, puisque c'est de là que Mahomet, après avoir posé son pied sur le rocher (ce que rappelle la mosquée construite à cet emplacement), a effectué son ascension vers le ciel.

Les attaques des Turcs, après la bataille de Mantzikert, continuent d'ébranler l'empire byzantin, qui perd peu à peu l'Anatolie, l'intérieur du pays (ci-contre, une miniature byzantine illustrant une scène de razzias turques). Ci-dessous, bûcherons et charpentiers au travail lors du siège de Jérusalem : leur rôle était essentiel lors des assauts, qu'il s'agisse de construire les échelles pour l'escalade des murailles, ou de bâtir des «châteaux» permettant aux assiégeants d'approcher celles-ci en demeurant relativement à l'abri.

qui poursuivait de sa haine chrétiens et juifs, voulait que la destruction fût totale de manière à ce qu'on ne pût plus retrouver l'emplacement de l'Anastasis. Quand la nouvelle se propagea, le choc fut énorme dans l'Occident chrétien. Mais, en 1054, l'empereur de Byzance parvint à un accord avec l'un des successeurs d'al-Hâkîm qui autorisait la reconstruction de la rotonde. Elle ne put être menée à terme, l'empire byzantin ayant à se défendre de l'invasion des Turcs Seldjoukides qui avaient embrassé la foi musulmane; ceux-ci pénétrèrent très profondément en Asie Mineure et, l'an 1071, infligèrent aux armées byzantines de Romain IV Diogène une complète déroute, à Mantzikert.

L'appel à la «Première croisade»

Trois ans plus tard, en 1074, l'empereur de Byzance, Michel VII Doukas, fit appel au pape pour que les chrétiens d'Occident viennent au secours de ceux d'Orient. Quelque vingt années passèrent avant la réponse pontificale. Entre-temps, les Occidentaux apprirent le sort malheureux de

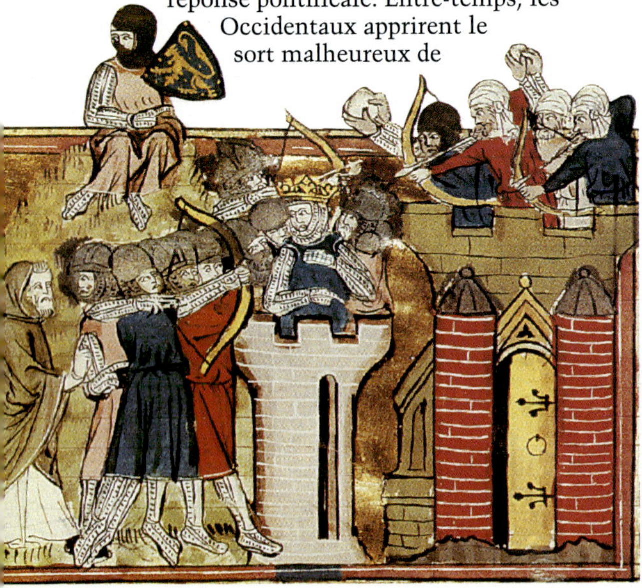

«Il était petit homme de corps et assez comme chétive taille par semblant, mais merveille était de grand cœur et de clair esprit et de bon entendement et parlant très bien» : ainsi était décrit Pierre l'Ermite (ci-dessus sur son âne), au destin étonnant, véritable meneur de la première croisade.

Lorsqu'en 1099, après quarante jours de siège, les Croisés prirent Jérusalem, bien défendue par ses murailles (ci-contre), ils massacrèrent non seulement les soldats musulmans mais aussi les civils de tous âges et de toutes confessions. Le carnage fut tel, écrivit Guillaume de Tyr, «que les vainqueurs eux-mêmes ne pouvaient qu'être frappés d'horreur et de dégoût».

Parmi les Croisés, un chevalier champenois, Hughes de Payns (ci-dessous), pieux, valeureux et simple de cœur, entraîne ses compagnons, Geoffroy de Saint-Omer et Robert le Bourguignon, André de Montbard, Foulques d'Angers et Hughes de Champagne dans la création d'un ordre de moines-soldats qui deviendra celui des Templiers.

nombre de pèlerins – par exemple ceux qui, en 1065, s'étaient engagés aux côtés de Gunther, évêque de Bamberg, massacrés jusqu'au dernier par les Turcs musulmans. Dès lors, tout pèlerinage se révélait impossible, sinon les armes à la main.

En 1095, lors du concile de Clermont, le pape Urbain II appela les chrétiens à la reconquête de la Ville sainte. Son appel ne trouva aucun écho officiel, ni chez l'empereur, ni chez le roi de France, mais de nombreux seigneurs, individuellement, décidérent de prendre la route le 15 août 1096. Aussi bien les Flamands de Godefroi de Bouillon, les Français de Hugues de Vermandois, frère de Philippe Ier roi de France, les Normands de Sicile de Bohémond et de Tancrède. Une multitude de petites gens emmenés par Pierre l'Ermite les avaient d'ailleurs précédés, par groupes informels, sans encadrement, mais formant une véritable marée humaine.

Après trois années de route poursuivie séparément à travers l'Europe centrale, les barons Godefroi de Bouillon, Robert de Flandre, Raymond de Saint-Gilles avec douze mille hommes, selon des estimations possibles, parvinrent sous les murs de Jérusalem, qu'ils prirent le 15 juillet 1099 – à la stupeur du monde connu –, prise suivie d'un affreux massacre de la population.

Baudoin, premier roi de Jérusalem

Godefroi de Bouillon a été choisi par ses compagnons pour prendre la tête de ce qu'on espère être le royaume de Jérusalem, mais il meurt un an seulement après la conquête de la ville, l'an 1100. Son frère Baudoin lui succède. Les Francs qui décident de rester et de consolider le royaume sont cependant fort peu nombreux. Beaucoup de pèlerins, lorsqu'ils débarquent (le transfert par mer est devenu entre-temps le plus habituel), sont rapidement exposés à tous les dangers, même si la population n'est pas totalement hostile – Syriens chrétiens et surtout Arméniens, premières victimes des Seldjoukides, ont eu à souffrir des conquêtes islamiques. Les routes sont loin d'être sûres. Entre Ramleh et Jérusalem, notamment, celles qui permettent de gravir les hauteurs entourant la Ville sainte, sont autant d'embuscades.

Garantir la sécurité des pèlerins

C'est alors qu'en 1118, Hugues de Payns regroupe ses compagnons au sein d'un ordre : les «Pauvres Chevaliers du Christ», qui se donnent pour vocation d'assurer le service et la défense des pèlerins entre le lieu de débarquement et l'arrivée à Jérusalem, et de prendre en charge la police de la route.

Immédiatement, leurs services sont appréciés. Le roi Baudoin II – Baudoin du Bourg, qui a succédé en 1118 à son cousin Baudoin Ier – les accueille dès 1119 dans une salle de son palais et, bientôt, leur abandonne tout l'emplacement, celui de l'ancien temple de Salomon, où s'élève la mosquée al-Aqsâ. Les membres de l'ordre prennent le nom de

Ces deux chevaliers, dont l'un porte épée et écu, l'autre un triple panneau marqué de la croix, symbolisent le caractère double des Templiers : chevaliers et moines.

«Chevaliers du Temple», ou «Templiers». Une de leurs priorités est de surveiller les routes les plus menacées, notamment entre Caïffa (Haïfa) et Césarée de Palestine, un défilé à travers les montagnes; déjà dans cette idée, Hugues de Payns et son compagnon Godefroi de Saint-Omer ont construit, dès 1110, la tour de Destroit, sorte de relais de sécurité pour les pèlerins.

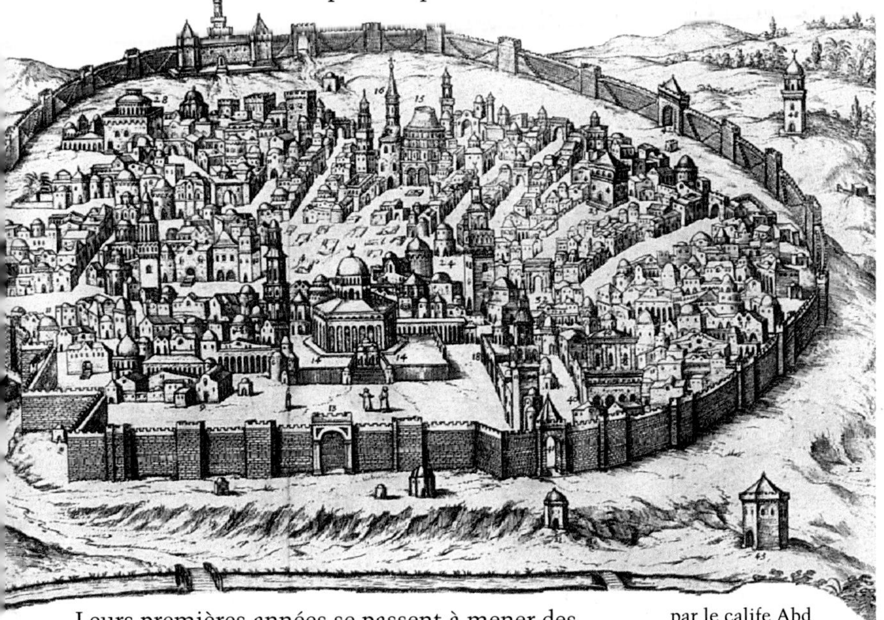

Cette estampe du XVIIe siècle montre la ville de Jérusalem entourée de murailles crénelées, comme elle le fut pendant tout le XIIe siècle. Au premier plan, le dôme du Rocher (la mosquée d'Omar) fut construit par le calife Abd el-Malik entre 687 et 691 sur l'emplacement du temple d'Hérode, donc de l'ancien temple de Salomon. Ce devait être la «maison chevetaine» des Templiers.

Leurs premières années se passent à mener des opérations militaires ponctuelles, à caractère défensif. En effet, dans la ligne du pèlerinage qui les a assemblés, ces chevaliers ont voulu prendre un engagement religieux d'un genre nouveau : ils se considèrent comme des moines, mais également comme des guerriers.

La «règle latine»

Moins de dix ans après la fondation de l'ordre, à l'automne de l'an 1127, Hugues de Payns passe la mer avec cinq compagnons et vient à Rome solliciter du pape Honorius II une reconnaissance officielle et

Saint Bernard est ici au milieu des moines de l'abbaye de Clairvaux, qu'il a fondée. Chef incontesté de l'Eglise de son époque, homme d'Etat et homme de Dieu, il influença les Templiers qui prirent les habitudes des Cisterciens : austérité et simplicité.

établir une règle propre à leur vie. Jusqu'alors les Templiers se sont inspirés de la règle de saint Augustin. Leur nombre s'est fortement accru et leur activité s'est suffisamment intensifiée pour qu'ils ressentent le besoin d'une véritable organisation. Ils sont soutenus par saint Bernard, l'une des plus éminentes personnalités de l'époque. Le 13 janvier 1128, à Troyes, un concile présidé par le légat du pape, Matthieu d'Albano, rassemble de nombreux prélats : archevêques de Sens et de Reims, évêques de Troyes et d'Auxerre, l'abbé de Cîteaux lui-même, Etienne Harding. Au cours des débats, une première règle est rédigée, qui sera mise

Ci-dessus, un chevalier templier vêtu de blanc. A gauche, deux chevaliers sur la même monture, allusion au règlement qui leur prescrit de faire toujours à deux la police de la route. A droite, un écuyer de l'ordre, ou frère sergent templier.

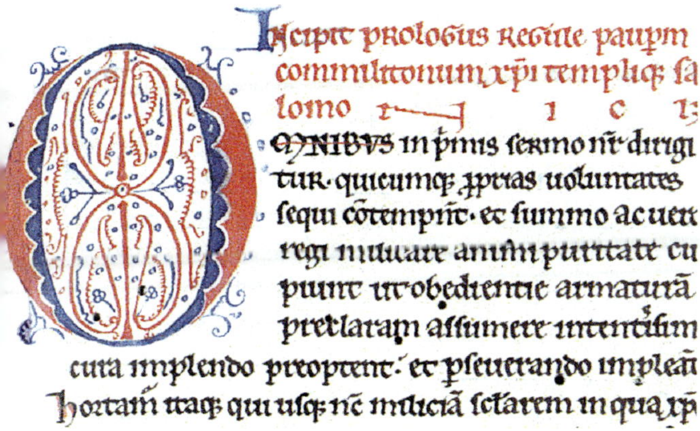
Incipit prologus regule paupm
commilitonum xpi templiq; sa
lomo
Omnibus in pmis sermo nr dirigi
tur. quicumq; ppias uoluntates
sequi cotempnit. et summo ac ueri
regi militare animi puritate cu
piunt et obedientie armaturã
preclaram assumere intentissim
cura implendo preoptent. et pseuerando impleañ
hortam itaq; qui usq; nc miliciã sclarem in qua xp

Première page de la règle du Temple dans laquelle les chevaliers sont encore appelés «Pauvres Chevaliers du Christ et du Temple de Salomon». Il s'agit là de la règle primitive, en latin, qui comportait soixante-douze articles, dont les huit premiers sur les devoirs religieux, les onze suivants sur les règlements journaliers.

au net par le patriarche de Jérusalem, Etienne de Chartres : la «règle latine». Douze ans plus tard, une seconde règle, en français, la reprendra avec quelques variantes. Elle prévoit plusieurs sortes de membres, comme la plupart des ordres religieux de l'époque, pour mieux tenir compte de l'action militaire que les Templiers doivent mener : les chevaliers, seuls combattants proprement dits, sont recrutés dans la noblesse, conformément aux traditions de la chevalerie au Moyen Age; leurs auxiliaires, sergents et écuyers, appartiennent au peuple ou à la bourgeoisie; des prêtres assurent quant à eux le service religieux et l'administration des sacrements; enfin les serviteurs et aides divers viennent du bas de l'échelle sociale.

Leur tenue est également réglementée. Les chevaliers du Temple peuvent porter «blanche robe», qui les distingue des autres membres non combattants, vêtus d'un manteau noir ou brun. Ce n'est qu'un peu plus tard, très probablement lors d'un chapitre général tenu à Paris, que le pape Eugène III octroie aux Chevaliers la croix vermeille, sorte de blason qu'ils portent sur le cœur ou sur l'épaule, cousue sur leur manteau blanc.

Des maîtres exigeants pour une règle de fer

A la tête de l'ordre se trouve le maître – il n'est jamais question de «grand maître», ce terme

La reconnnaissance de l'Ordre du Temple par Honorius III au concile de Troyes de 1128, œuvre du peintre du XIXe siècle Marius Granet, met en scène avec bon nombre d'erreurs historiques les protagonistes de la fondation de l'Ordre. Ainsi la robe blanche du pape ne fut adoptée qu'au XVIe siècle, à la suite de Pie V qui, étant dominicain, avait conservé sa tenue sur le siège apostolique. Au XIIe siècle, le pape est généralement habillé de rouge, comme les cardinaux. De même, la tiare n'apparaît qu'au milieu du XIIIe siècle. De plus, Honorius II était en réalité absent du concile, et représenté par son légat. Les évêques qui l'entouraient étaient presque tous des amis de saint Bernard qui soutenait Hugues de Payns. Ce dernier fit le récit de sa fondation et exposa les coutumes qu'ils observait avec ses compagnons afin de faire reconnaître l'ordre des Templiers.

ne sera employé qu'au XIVe siècle, à une époque où déjà l'ordre aura disparu. Le maître a exactement la fonction et le pouvoir du père-abbé d'un monastère; il doit, dit la règle, «tenir à la main le bâton et la verge» : le bâton avec lequel il soutient les faiblesses des autres; la verge avec laquelle il punit les vices de ceux qui manquent à leur devoir. Pouvoir de discipline donc qu'il doit exercer «par amour de ce qui est droit». Il se fait assister d'un conseil; lorsqu'une décision importante qui concerne l'ensemble de la maison est à prendre, il assemble «tout le chapitre». Les frères lui doivent ferme obéissance. Lorsqu'il s'absente, il est remplacé par le sénéchal – en quelque sorte son lieutenant; le maréchal, quant à lui, a la responsabilité des armes et armures de la maison, le «harnais».

Les «retraits»

Les usages de l'ordre sont pour leur part consignés et mis par écrit en 1165 : ce sont les «retraits». Ils précisent entre autres les insignes du maître : «la boule et la bourse»; la «boule» signifie la bulle, c'est-à-dire le sceau du Temple, chaque maison ayant le sien; la «bourse» est le trésor.

Le maître dispose pour son usage personnel de quatre chevaux, de deux frères chevaliers, d'un frère chapelain, d'un clerc (il s'agit ici plutôt d'un secrétaire), d'un sergent et d'un valet, auxquels

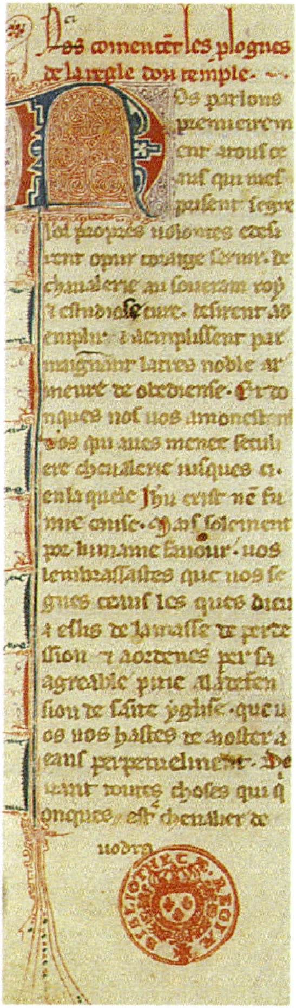
Ci comencent les plogues
de la regle dou temple.

En 1140, est mise en place la règle en français. «Nous parlons premièrement à tous ceux qui méprisent suivre leur propre volonté et désirent avec pur courage servir de chevalerie au souverain Roy.» Elle met l'accent sur «le pur désir d'ouïr matines et tout le service entièrement selon l'établissement canonical et l'usage des réguliers maîtres de la sainte cité de Jérusalem», autrement dit, sur les exigences de la vie monastique. Mais, à la différence de la règle en latin, elle n'impose pas de «terme de probation» – le noviciat – et s'en tient à la lecture et à l'explication de la règle. Mieux, alors que la règle latine refusait de recevoir des chevaliers excommuniés, la règle française recommande d'aller les trouver et, pourvu qu'ils se repentent et soient absous par l'évêque, de les recevoir dans l'ordre – ce qui n'allait pas sans quelque danger ! De là naîtront bien des contestations avec les évêques.

s'ajoutent un maréchal-ferrant, un «écrivain sarrazinois» – l'interprète –, enfin, un turcople – soldat auxiliaire probablement recruté dans la population indigène – et un cuisinier ainsi que deux garçons «à pied», alors que le valet, lui, dispose d'un cheval. Lors des expéditions, le maître a droit à deux bêtes de somme en dehors de son cheval turcoman, bête d'élite pour la chevauchée. Il dispose d'une tente ronde et arbore le «gonfanon», l'étendard de l'ordre qui est dit «baucent», en terme de blason : «d'argent au chef de sable». Après 1145 s'y ajoute la croix de «gueules» brochant sur le tout. Il est le point de ralliement des chevaliers lors de la bataille.

Ces moines-chevaliers ne sont soldats que dans le cadre de leur mission de protection. Le reste du temps, ils sont essentiellement moines : pauvreté, chasteté et prières – un carcan exigeant que le succès de l'ordre va briser rapidement de l'intérieur, ce qui autorisera bien des rumeurs et bien des convoitises.

Sur cette fresque, un Templier brandit le gonfanon baucent : on distingue nettement les deux couleurs, argent et sable, autrement dit blanc et noir ; on emploie aussi le terme de «baucent» au sens original de «mi-parti». Le gonfanon est porté par le maître, ou par le maréchal ou son assistant, les chevaliers doivent l'entourer «le mieux qu'ils pourront»; un frère chevalier ne doit «laisser le gonfanon pour aucune raison». Ce n'est que lorsque le dernier étendard aura «tourné à déconfiture» qu'il pourra lui-même s'enfuir et se réfugier «là où Dieu le conseillera».

Ce sceau de Templier reprend le thème des deux chevaliers sur le même cheval. Il fut adopté notamment, en 1259, par Gilbert Erail et Hugues de Pairaud.

Au moment même où l'Occident se couvre d'un blanc manteau d'églises cisterciennes, s'érigent près de neuf mille commanderies templières, en Terre sainte puis sur toute l'Europe. Leur architecture s'adapte aux principales missions du Temple, si typiques de la culture médiévale : la défense et l'économie agricole.

CHAPITRE II
GENS D'ÉPÉE ET GENS D'ÉGLISE

La forteresse de Chatel-Blanc (Safita), en Syrie, a été prise par les Francs en 1110, et consolidée et agrandie ensuite. Sa tour, qui se dresse comme un bloc, abritait, au premier niveau, une chapelle. A droite, sépulture d'un Templier, dans l'église du Temple, à Londres.

Les maisons et les commanderies

Au moment où sont rédigés les «retraits», l'ordre s'est largement étendu. La maison de Jérusalem, établie à l'emplacement du Temple, le dôme du Rocher, reste la maison principale, la maison «chêvetaine»; c'est la résidence du maître et des deux principaux commandeurs : celui de la cité de Jérusalem à qui est dévolue l'activité spécifique de l'ordre, la défense et la conduite des pèlerins de Terre sainte, et celui de la terre et du royaume de Jérusalem qui a sous son autorité les établissements d'Orient.

Les Templiers se sont également implantés dans les deux provinces de Tripoli et d'Antioche, puis dans toute une série de provinces occidentales,

Deux Templiers (à gauche et à droite), l'un en tenue de combat, une huque courte par-dessus sa cotte de mailles, armé et casqué; l'autre en tenue de chœur, évoquant la vie monastique qui est aussi celle du Temple. Depuis la bulle de 1139, le Temple a droit à ses propres chapelains, afin de les émanciper de toute autorité ecclésiastique, sauf celle du pape.

chacune ayant à sa tête un maître ou commandeur (le titre de précepteur apparaît aussi quelquefois) : ce sont les provinces de France, d'Angleterre, du Poitou, de Provence, d'Aragon, du Portugal, de Pouille et de Hongrie. Chacune comporte plusieurs commanderies; en effet, l'ordre ne cesse de s'étendre et de s'enrichir grâce à l'afflux des donations. A la fin du XIIIe siècle, le nombre total des commanderies sera de neuf mille en Occident, dont environ trois mille en France. Ainsi, en 1124, le comte Guillaume de Poitiers fait don à l'ordre d'une église à La Motte dans le diocèse de Fréjus, puis de l'église Saint-Jean à Saint-Paul-Trois-Châteaux sur un territoire auquel est adjointe une maison rurale à Richerenches.

Dès 1150, nombre de commanderies sont répertoriées en Avignon et bientôt Arles, Saint-Gilles, puis à Nice, Aix, dans la région d'Orange et de Vaison. On dénombre vingt-neuf maisons du Temple dans les limites du Midi

La commanderie de La Couvertoirade, dont les fortifications ne datent que du XIVe siècle, est située dans la région du Larzac, plateau sauvage et désertique. Elle fut donnée en 1158 à l'ordre du Temple par le vicomte de Millau.

La chapelle de Coulommiers (ci-dessus) date du XIIIe siècle ; d'une architecture très simple, elle abrite encore quelques fresques. Cette statue de la Vierge à l'Enfant provient de la ferme de Saulce, ancienne chapelle templière à Island dans l'Yonne. Ainsi se trouvent disséminés dans les campagnes de très nombreux témoignages de l'activité intense des commanderies au cours des XIIe et XIIIe siècles, autant sur le plan spirituel que temporel.

provençal. C'est une région particulièrement importante pour les Templiers car, non acquise alors à l'autorité pontificale, elle doit assurer le ravitaillement des établissements d'Orient, par la vallée du Rhône et le port de Marseille, en produits de la terre, foin, froment, chevaux, mais aussi en biens divers…

En Occident, des maisons toutes simples pour des moines-soldats

Les commanderies d'Europe sont avant tout des exploitations agricoles, administrées avec grand soin, mais qui ne diffèrent pas dans leur ensemble des bâtiments des autres exploitation rurales. Si l'on examine celle de Richerenches (Vaucluse), la plus ancienne et l'une des mieux connues, on constate qu'il s'agit d'un vaste quadrilatère avec des tours aux angles, dont l'une, au sud, contient la chapelle. Celles de la région charentaise, comme Malleyrand, Angles, Château-Bernard et Grand-Mas-Dieu ont conservé leurs chapelles : il s'agit d'édifices de plan rectangulaire couverts de voûtes soutenues le plus souvent par des arcs-doubleaux, avec un chœur généralement à chevet plat éclairé par trois fenêtres. Ces chapelles s'apparentent donc de très près à celles qu'ont élevées les Cisterciens ; leurs bâtisseurs ont recherché la simplicité, le «fonctionnel». La chapelle Saint-Blaise de Fourches-en-Gâtinais, par exemple, étudiée par l'archéologue Claude-Clément Perrot, est longue de 12,30 mètres, avec une nef de 6,50 mètres et pourvue d'un chœur de 2,10 mètres avec une abside semi-circulaire éclairée par trois fenêtres en plein cintre. A 12 mètres de hauteur, un clocher la surmonte, percé d'une arcature pour la cloche. Le cimetière proche de l'église recèle de nombreuses tombes à peu près dépourvues de mobilier funéraire et une dalle tumulaire sculptée d'une croix de «Malte»; les archéologues ont également découvert une croix de Jérusalem en bronze, ainsi que des pichets destinés à contenir de l'encens.

Les fouilles de la chapelle templière de Fourches-en-Gâtinais et de son cimetière ont mis au jour des poteries d'argile (en bas) destinées sans doute à contenir l'encens que l'on déposait lors des funérailles. Ci-contre, un chapiteau d'une commanderie de l'ordre de Malte, donc des Hospitaliers, dont l'architecture rappelle celle du Temple ; en bas un bénitier de la chapelle de Soulomès, dans le Lot, sculpté d'une croix templière.

Dès le 29 mars 1139, la bulle *Omne datum optimum* du pape Innocent II autorise les Templiers à avoir leurs propres oratoires et leurs cimetières, desservis en général par des chapelains dont la plupart adoptent l'ordre du Temple. «Car il est indécent et périlleux que les frères profès, en allant à l'église, doivent se mêler à la tourbe des pécheurs et des fréquenteurs de femmes.» Les chapelles des commanderies attestent le fondement religieux de l'ordre et la plupart d'entre elles témoignent du même goût de la simplicité. On a prétendu que ces chapelles templières auraient volontiers affecté une forme arrondie «sur le modèle du temple de Salomon à Jérusalem». Si quelques-unes de leurs églises ont en effet adopté cette structure, comme celle du Temple de Londres et celle de Paris, c'est sans doute moins pour commémorer le souvenir du «temple de Salomon» que celui de la rotonde du Saint-Sépulcre à Jérusalem. On retrouve néanmoins ces églises de plan central dans plusieurs régions,

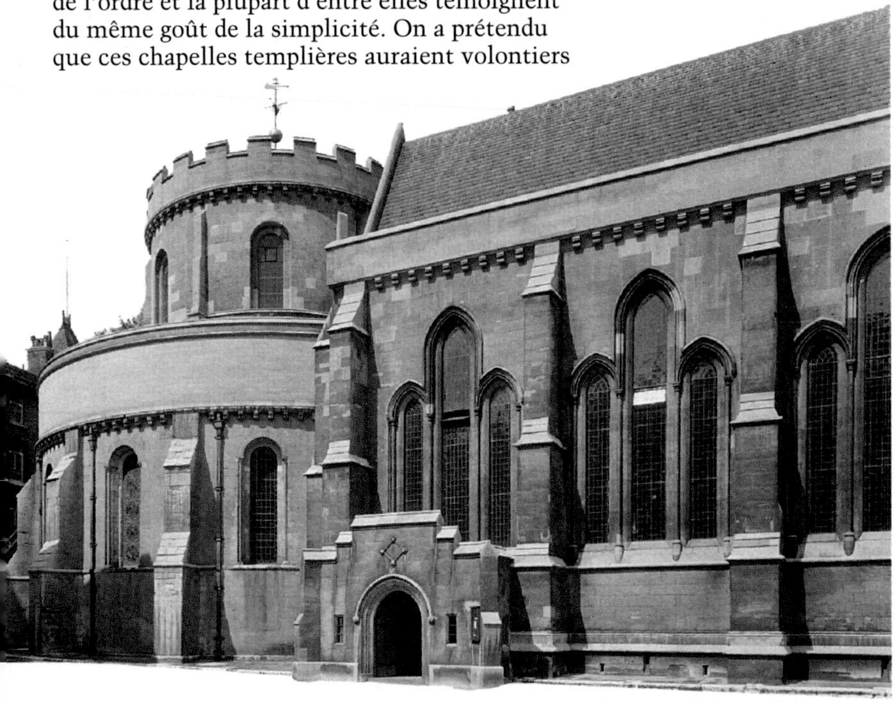

L'église du Temple à Londres est heureusement restée intacte. La chapelle affecte une forme arrondie, prisée des architectes anglais. On crut longtemps qu'elle caractérisait le Temple, mais il semble plus juste de voir dans cette forme circulaire une «tradition anglo-normande» – voire celtique – plutôt qu'une influence directement orientale.

notamment en Angleterre, parfois dans des chapelles templières comme à Douvres, à Bristol, à Garway, mais aussi dans des monuments étrangers à l'ordre, comme l'église du Saint-Sépulcre de Cambridge ou celle de Northampton; de même, en France, l'ancien baptistère octogonal de Montmorillon, la chapelle de Metz et nombre de chapelles de cimetières, comme celle de Saint-Vincent-de-Laon, ainsi que l'impressionnante tour des Morts de Sarlat en Périgord. Autrement dit, le plan circulaire ou octogonal est parfois utilisé par les Templiers comme il l'est par d'autres ordres ou pour des édifices religieux ne relevant aucunement du Temple.

Il n'y avait pas, à proprement parler, d'architecture typiquement templière, puisqu'elle adopta différents styles : forme arrondie, comme la chapelle de Northampton en Angleterre (en haut, à gauche) ou la tour des Morts à Sarlat en Périgord (ci-contre), ou plan octogonal comme la chapelle de Metz (en haut, à droite). Tous ces ensembles reflètent néanmoins une harmonie empreinte de simplicité et de spiritualité.

La commanderie d'Arville

Non loin de Vendôme et de Mondoubleau, c'est probablement l'une des mieux conservées aujourd'hui. Grâce à cette vue aérienne, on observe distinctement les principales parties : sur la gauche, la chapelle, qui date du XIIe siècle, quelques-uns des murs d'enceinte, la superbe porte flanquée de deux tours, d'autres bâtiments, dont l'un a conservé une très belle charpente, une grange à trois nefs, postérieure aux Templiers puisqu'elle date du XVIe siècle, et, sur la droite, un colombier de forme classique, arrondie. L'ensemble donne une juste idée de la façon dont pouvait être comprise une commanderie, dessinant un vaste quadrilatère fermé sur lui-même, avec des jardins cultivés, et des champs à l'extérieur. Somme toute, une vaste exploitation agricole dotée d'une chapelle qui souligne le caractère religieux de l'ordre.

Les plus belles églises

Les fresques de l'église templière de San Bevignate, à Pérouse (Italie), illustrent, en bas, un combat de Templiers vêtus de la cotte de mailles, casqués, portant étendard et écu blasonné ; la figure du haut, plus énigmatique, peut rappeler que la chasse au lion est la seule autorisée aux membres de l'ordre, toute autre étant considérée comme une distraction, et donc interdite. Ci-contre, trois chapelles templières caractéristiques : en haut la forteresse de La Couvertoirade ; celle de Metz, au-dessous, présente une forme octogonale peu courante dans l'architecture templière. En bas, la très belle chapelle de Laon, de forme octogonale également, au chœur arrondi, semble inspirée par l'ancienne chapelle funéraire de Saint-Vincent-de-Laon ; les Templiers l'auraient reproduite lorsqu'ils eurent le droit d'avoir leurs propres chapelles de cimetière ; elle est aujourd'hui visible dans le jardin du musée de Laon.

L'église de Vera Cruz à Ségovie, en Espagne (ci-contre et ci-dessous), contenait une relique fameuse de la vraie Croix (d'où son nom) que vint vénérer le roi d'Espagne, saint Ferdinand III, cousin de saint Louis. C'est un édifice remarquable, octogonal, conçu comme une forteresse ; le clocher qui le flanque s'élève, comme dans les châteaux forts de Terre sainte, pour surveiller les environs ; l'intérieur de l'église est de facture romane, avec fenêtres en plein cintre et voûtes très légèrement en arc brisé.

Les commanderies fortifiées de la péninsule Ibérique

C'est en Espagne et au Portugal qu'on rencontre les plus beaux édifices de l'ordre du Temple conçus sur un plan circulaire, comme l'église de Vera Cruz à Ségovie et la rotonde de Tomar. Cette dernière est construite en plusieurs campagnes : l'étage inférieur sur plan octogonal ; puis le déambulatoire, comportant seize

travées. La péninsule Ibérique, menacée pendant presque tout le XIIe siècle (après la mort de Rodrigue de Bivar, le Cid) par l'envahisseur sarrasin (musulman), a très tôt fait appel à l'ordre du Temple. Les édifices templiers y sont donc particulièrement soignés et presque tous fortifiés, à la différence du reste de l'Occident.

En France, seules deux commanderies ont fait l'objet de fortifications : La Couvertoirade, mais son enceinte fortifiée ne date que du XIVe siècle, après la disparition du Temple; et surtout, non loin, au pied de ce même causse du Larzac, La Cavalerie qui, elle, a été fortifiée par les Templiers eux-mêmes : il s'agissait d'une région pratiquement déserte et fort sauvage, dont l'isolement même constituait une menace et justifiait sans doute aux yeux de ses nouveaux occupants l'appareil militaire.

Le maître des Templiers Gualdim Pais, a construit en 1160 la base octogonale du couvent du Christ, à Tomar au Portugal (ci-dessus). Il bâtit également, en 1171, le château fort d'Almourol, près de Tomar, sur une île du Tage, sur un ancien site romain (ci-dessous).

Terre sainte, terre de combats

Les constructions élevées en Orient témoignent toutes de la nécessité des fortifications et du caractère prioritairement militaire de l'ordre. L'une des forteresses les mieux connues, quant aux étapes de sa construction, est le château de Saphet (au cœur de la Galilée, à la hauteur de Saint-Jean-d'Acre).

Défendu par une série de fossés et d'ouvrages avancés, muni de machines de guerre (pierrières et balistes), il était alimenté en eau par douze moulins, ou, en cas d'assaut, par des moulins à vent situés à l'intérieur même des murs du château. Sa garnison comportait cinquante frères chevaliers, trente frères sergents, assistés d'une cinquantaine de turcoples, trois cents balistiers et autres combattants ou esclaves musulmans : en tout, mille sept cents hommes.

Des villes entières étaient parfois confiées à la surveillance du Temple, ainsi Gaza, dès 1150, ou Tortose (Tartous), une quinzaine d'années plus tard, qui lui servira de refuge après le désastre de Hâttin en 1187, lorsque Saladin reprendra possession de Jérusalem. C'est à cette époque que sont bâties les forteresses les plus importantes de l'ordre du Temple : Châtel-Pèlerin, au sud de Haïfa, sur le promontoire d'Athlit qui reste aujourd'hui encore un site militaire stratégique, comportait deux chapelles dont

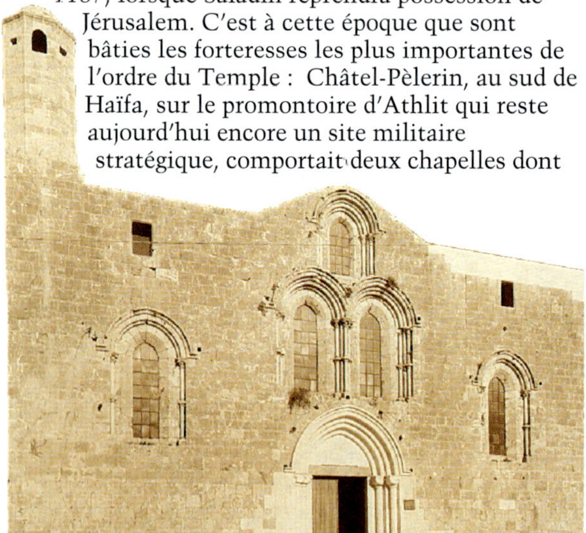

Châtel-Pèlerin, dont on voit ci-dessus les ruines imposantes, fut construit par les Templiers sur le promontoire d'Athlit, et fortifié en 1218. C'est à l'abri de ses murailles que la reine de France, Marguerite de Provence, qui avait accompagné son époux Louis IX en Terre sainte, mit au monde deux enfants. Ci-dessous, la cathédrale de Tartous (aujourd'hui encore en parfait état de conservation) a été confiée aux Templiers, ainsi que la ville elle-même, après la défaite de Hâttin. Les Hospitaliers, quant à eux, se replièrent sur Margat, et surtout dans leur forteresse du Krak des chevaliers.

l'une de forme octogonale avec un déambulatoire à douze côtés, seul exemple d'église en rotonde élevée par les Templiers en Terre sainte.

A Safita, trente kilomètres à l'est de Tortose, Châtel-Blanc, tour isolée de plan carré de plus de 17 mètres de hauteur, s'inspire des donjons normands. De la plate-forme crénelée, on échangeait des signaux avec le Krak des chevaliers, distant de moins de vingt kilomètres.

Enfin, furent érigées d'autres forteresses templières d'importance secondaire : Beaufort et Arsour au

La salle basse de la tour de Safita formait la chapelle de l'édifice ; elle était couverte de robustes voûtes d'ogive et c'est dans l'épaisseur des murs qu'avait été pris l'escalier qui permettait l'accès aux étages, à la grand-salle et à la terrasse crénelée.

Liban, Châtel-Rouge en Syrie, Bagras et Gastein sur l'Oronte, ainsi qu'en Arménie.

A Sargé-sur Braye, non loin de Mondoubleau, l'église Saint-Martin, construite au XIe siècle, comporte des peintures murales évoquant la vie de saint Martin, l'enfance du Christ et les travaux des champs des Templiers.

La double vocation des Templiers : l'épée et la charrue

La vie du Templier se présente sous deux aspects qui sont d'ailleurs l'un et l'autre familiers à la société féodale. Les chevaliers, assistés de leurs sergents et écuyers, ont une activité militaire, bâtissent des forteresses, assurent l'ordre et la protection des pèlerinages et prennent part à tous les assauts défensifs ou offensifs que suppose la survie du royaume franc de Terre sainte, continuellement exposé sur une terre hostile; d'autre part, assistés de paysans, ils se font exploitants agricoles et mettent en valeur la terre qui leur a été donnée en Occident, veillent aux récoltes et organisent les expéditions de céréales et de bétail en direction de l'Orient, essentiellement du froment, du millet, des bœufs et des chevaux.

Ainsi, ce sont les Templiers qui entreprennent d'assainir le vaste marécage des bords de Seine à Paris (où s'élèvera le quartier du Marais), qu'ils aménagent en jardins potagers, subvenant du même coup aux besoins d'une ville en pleine expansion. En maints endroits, ils effectuent des travaux de drainage, canalisation... C'est là un aspect souvent oublié de leur activité : leurs commanderies en Occident ne sont pas de simples lieux de réunion pourvus d'une chapelle; partout les Templiers mettent la terre en valeur avec une application sans égale.

Tant dans leurs travaux agricoles que dans la vie monacale, ils sont largement influencés par les Cisterciens : même simplicité assez austère des chapelles, soin égal apporté à la culture des terres. Les Templiers se révèlent aussi attentifs, en Occident, aux travaux agricoles qu'ils sont, en Orient, experts dans la construction des forteresses et dans la conduite de la guerre; on disait alors d'eux qu'ils étaient les soldats les plus prudents au combat. Somme toute, cet ordre né dans les circonstances très particulières d'une conquête d'outre-mer répond pleinement aussi aux données de la société européenne de son temps : créé par des féodaux, il est féodal par toutes ses fibres, par son attachement à la foi de l'Eglise et à la terre. Rien d'étonnant, si l'on y réfléchit, à ce qu'il n'ait pas survécu à cette société elle-même, qui a façonné la France du XIe à la fin du XIIIe siècle; et sa disparition marquera, dans le fer et dans le feu, la fin de la féodalité.

Le Templier en «tenue de maison» (en bas, à gauche) est un paysan, un homme de la terre autant que de la guerre.

Le Temple de Paris, maison chêvetaine (ci-dessous), atteste la vocation de richesse de l'ordre, provenant certes des biens qui lui avaient été confiés, comme le trésor royal, mais aussi du soin qu'il mit à cultiver les terres (ci-dessus).

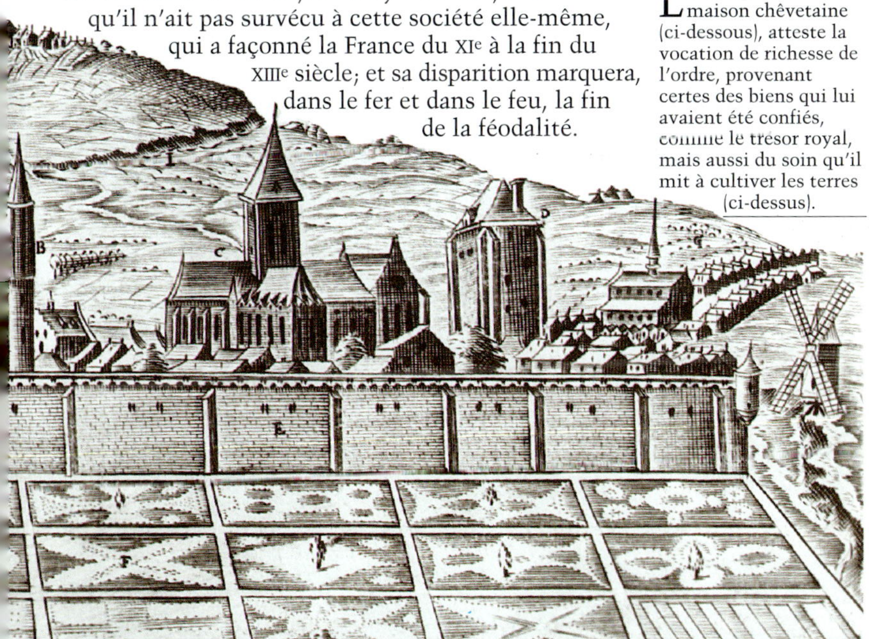

DECAISNE

La bulle de Grégoire IX de 1238 rappelle que la route de Jaffa à Césarée est placée sous la surveillance de l'ordre du Temple. L'ordinaire des chevaliers est bien la protection des pèlerins. Mais c'est dans l'extraordinaire que se façonne leur légende, dans les exploits qui jalonnent l'histoire de la Terre sainte après la conquête de Jérusalem.

CHAPITRE III
LA DÉFENSE DE LA TERRE SAINTE

Au cours des deux siècles que dure le royaume de Jérusalem, les Templiers rempliront leur rôle : «Nous ne croyons pas que les fidèles puissent méconnaître quelle consolation et quelle assistance les chevaliers du Temple apportent aux indigènes, aux pèlerins, aux pauvres et à tous ceux qui voulaient aller au Sépulcre du Seigneur», rapporte une charte de 1132.

Dès 1138, les Templiers participent à l'attaque de Teqoa – premier combat, première défaite : ils sont encore peu familiarisés avec la tactique des Turcs qui semblent abandonner la ville pour revenir peu après en force y faire un affreux massacre de chrétiens : «Tout l'espace depuis Hébron jusqu'à Teqoa est jonché de leurs cadavres», déplore Guillaume de Tyr. Ces Turcs renouvellent périodiquement ces raids de pillages, rendant intenables les routes, jusqu'au moment où le roi de Jérusalem, Baudoin III, en 1153, décide d'entreprendre le siège de la cité.

L'échec de la deuxième croisade

En 1144, la chute d'Edesse, que les croisés avaient conquise dès le début de leurs expéditions, va provoquer un nouvel appel à la croisade. Le roi de France, Louis VII, et son épouse Aliénor d'Aquitaine, décident de prendre eux-mêmes la croix. Le pape, Eugène III, se rend en personne à Paris et y assiste, le 27 avril 1147, à la première réunion du chapitre général de la maison du Temple. L'empereur Conrad III du Saint Empire romain germanique décide à son tour de s'engager : la deuxième croisade est enfin la cause commune des chefs d'Etat chrétiens.

Leur entreprise cependant se heurte à des conditions difficiles.

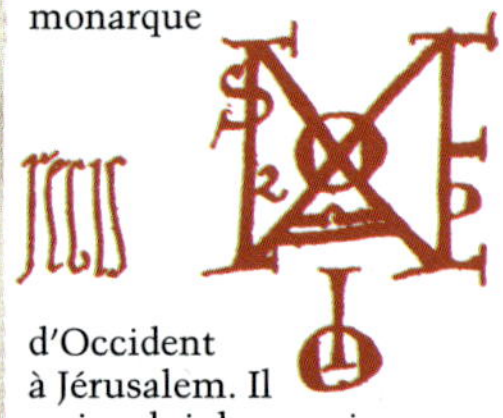

Conrad et les croisés allemands, trompés par des guides byzantins, n'ont pas emporté suffisamment de vivres et manquent de périr tant par la faim que sous les attaques des Turcs; l'expédition française, mal engagée dans les gorges de Pisidie, en Asie Mineure, coupée d'une avant-garde qui s'aventure trop loin en dépit des consignes, doit aussi subir les assauts des Turcs.

Lorsque saint Bernard prêche devant la diète de Spire en Allemagne, Conrad III (ci-contre) ne veut pas laisser au roi de France l'honneur d'être le premier grand monarque d'Occident à Jérusalem. Il arrive, lui, le premier, en Asie Mineure, où il se heurte à l'empereur de Byzance, Manuel Comnène, qui redoutant un royaume latin trop puissant à ses frontières, a des visées sur la principauté franque d'Antioche.

Dans l'abbaye de Vézelay, en 1147, Louis VII (ci-contre) prend sur l'autel son bâton de pèlerin et reçoit l'oriflamme des mains du pape, en présence des chevaliers du Temple et de la reine Aliénor d'Aquitaine (qui n'apparaît pas dans cette miniature du XVe siècle). Une légende populaire voulait que tout souverain, descendant de Charlemagne, qui prendrait possession de Jérusalem, entraînerait mille ans de prospérité et de paix. Aussi le roi est-il accompagné d'une grande ferveur populaire à laquelle se joint la chevalerie française. Le départ est fixé pour l'année suivante.

Cette traversée de la «montagne exécrable» faillit mettre fin à l'expédition; Louis VII choisit alors de se mettre sous la sauvegarde des Templiers et de leur maître, Evrard des Barres. Sous sa conduite, les restes de l'armée royale entreprennent quelques actions comme celle menée contre Damas.

L'octave de Pâques 1147 (le huitième jour suivant Pâques), le pape Eugène III – trônant à gauche dans l'inévitable robe blanche et portant la tiare assiste au chapitre général de l'ordre du Temple dans la maison encore neuve de Paris, en présence du roi, de l'archevêque de Reims et de nombreux autres prélats. Le maître Evrard des Barres et ses cent trente chevaliers (à la droite du pape) sont, pour la première fois, «tous vêtus de leur manteau blanc» à la croix vermeille, sur le côté gauche, au-dessus du cœur, que le pape vient de leur accorder comme blason «afin que ce signe triomphal leur soit un bouclier pour qu'ils ne fuient devant aucun infidèle». Pour soutenir l'initiative de leur souverain, venant de nombreuses commanderies de France et d'Espagne, les Templiers décident de s'engager massivement dans la croisade et d'accompagner Louis VII en Terre sainte où ils vont jouer un rôle considérable.

Mais la deuxième Croisade est un nouvel échec. Conrad III rembarque en septembre 1148, Louis VII l'imite peu après.

Quelques années plus tard, en 1153, les Templiers participent au siège d'Ascalon – cité côtière tenue par les Turcs –, mais le nouveau maître, Bernard de Trémolay, est soupçonné de tenter de garder, pour son ordre, la cité dans laquelle quarante Templiers ont réussi à pénétrer les premiers. Mal lui en prend, car les Turcs revenus en force les massacrent tous, même le maître. Malgré tout, Ascalon est conquise par Baudouin III quelques jours plus tard.

Le jeune roi de Jérusalem, Baudouin III, veut entreprendre le siège d'Ascalon car elle est une tête de pont menaçante sur le littoral, entre les mains des Turcs. Le siège de la ville (en haut et en bas) dure quatre mois, soutenu par les Templiers. Bernard de Trémolay, qui vient de se rendre maître de Gaza et de la fortresse de Safita en Galilée, trouve la mort peu avant la chute de la ville.

Très tôt, les Templiers sont accusés de mener leur politique personnelle

En 1168, l'ordre refuse de s'associer à l'entreprise préparée par le roi Amaury (successeur de Baudoin III) contre

le sultan d'Egypte, pays sur lequel les Francs ont établi une sorte de protectorat. En effet, le fragile royaume de Jérusalem a tout intérêt à ce que l'Egypte et la Syrie ne soient pas entre les mêmes mains. L'alliance avec l'Egypte fatimide contre la Syrie ayyubide est donc un gage de survie pour les Francs, qui apportent leur aide au sultan Shawar lorsqu'il met le siège à Alexandrie pour en chasser ses rivaux

Or, sous l'influence de l'empereur de Byzance, Amaury se prépare à briser cette alliance. Le maître de l'Hôpital – ordre fondé en 1113 dont les membres, les Hospitaliers, ont sensiblement la même vocation religieuse et militaire que les Templiers – consent à envoyer des chevaliers soutenir l'action franco-byzantine qui se prépare. Mais le maître du Temple, Bertrand de Blanquefort, s'y oppose. Le chroniqueur Guillaume de Tyr, pourtant rarement favorable aux Templiers, lui donne raison : «Le maître du Temple et les autres frères ne voulurent jamais s'entremettre de cette besogne et dirent qu'en cette guerre, ils ne suivraient pas le roi… Bien ce pût être qu'ils s'aperçurent que le roi n'avait pas bonne raison de guerroyer les Egyptiens contre les conventions qui lui étaient assurées par son serment». En effet, cette rupture ne plaide pas en faveur du sens politique du roi Amaury.

D'autant qu'une nouvelle menace pèse sur le petit royaume latin : Saladin. En 1169, ce dernier fait assassiner le sultan Shawar, et prend le pouvoir en Egypte. A la mort du sultan de Damas Nur ed-Din, Saladin s'attribue successivement Damas et Alep, unifiant un immense royaume musulman sous son autorité, face à la minuscule Palestine chrétienne et au royaume de Jérusalem où, au roi Amaury, a succédé en 1174 son fils Baudouin IV, âgé de treize ans, qui engage, malgré la terrible lèpre qui le ronge, plusieurs batailles. A Montgisard, en 1177, à la tête de cinq cents chevaliers appuyés par quatre-vingts

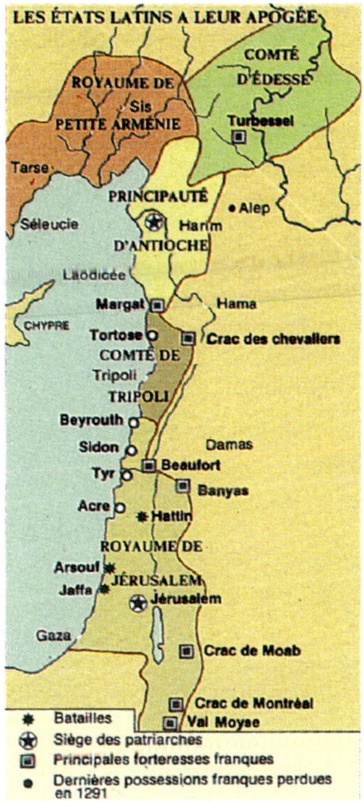

Les Etats latins d'Orient s'étendaient des côtes méridionales de l'actuelle Turquie, au nord, jusqu'au golfe d'Akaba sur la mer Rouge, au sud. Minées par leurs rivalités, les possessions franques ne survivront pas aux assauts de Saladin et de ses successeurs.

Templiers venus de Gaza à marche forcée, Baudouin disperse les trente mille mamelouks de Saladin, remportant ainsi l'une des plus brillantes victoires des croisades.

Baudouin IV meurt en 1185. Le titre de roi de Jérusalem échoit à l'époux de sa demi-sœur, Gui de Lusignan, un baron récemment arrivé en Terre sainte, sous le contrôle d'un régent, Raymond III de Tripoli.

Gérard de Ridefort et la chute de Jérusalem

Les Templiers ont alors un nouveau maître, Gérard de Ridefort, un Flamand, chevalier errant venu chercher fortune en Terre Sainte, comme c'est le cas pour un certain nombre de cadets plus préoccupés de leur réussite propre que de la délivrance du Saint-Sépulcre. D'abord admis dans l'entourage du comte de Tripoli, Raymond III, il convoite la main d'une de ses vassales, l'héritière du fief de Boutron, et, éconduit, se prend d'une haine féroce contre le comte. Il réussit à entrer dans l'ordre du Temple et à s'y faire élire comme maître, par une contestable déviation de la règle qui tend désormais à placer à sa tête une personnalité en vue – il est l'allié de Gui de Lusignan – plutôt qu'un chevalier mûri à la discipline religieuse et militaire.

Gérard de Ridefort entreprend une expédition fort aventureuse contre les hommes de Saladin à Casal Robert : sept mille mamelouks ont facilement raison des cent quarante chevaliers du Temple, tous occis à l'exception du maître. Saladin décide alors de mettre le siège devant la forteresse de

Après diverses péripéties, Gui de Lusignan, nouveau roi de Jérusalem, se réconcilie avec

Raymond III, comte de Tripoli, que Baudouin IV avait nommé régent (ci-dessus). Ces divisions ont affaibli les Francs, face à Saladin.

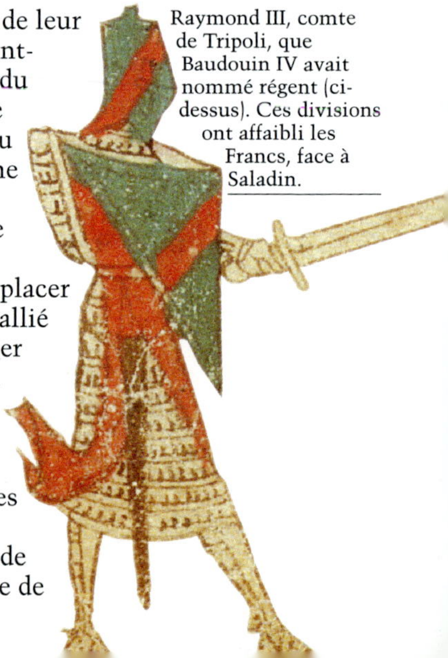

Tibériade où demeurent la femme et les enfants de Raymond de Tripoli; ce dernier préfèrerait que Tibériade tombe aux mains des soixante mille hommes de Saladin, plutôt que de mettre en péril l'armée franque forte de seulement trente mille hommes, dont mille deux cents chevaliers. Mais Gui de Lusignan écoute les conseils de Gérard de Ridefort, qui accuse Raymond de lâcheté et pousse le roi à engager l'armée franque contre Saladin. Les croisés se dirigent vers les «cornes de Hâttin» où se trouve le seul point d'eau, une source minuscule, en cette torride journée de juillet 1187.

Lorsque l'armée franque se met en marche vers Hâttin – seul point d'eau de la région –, Raymond III commande l'avant, Gui de Lusignan, le roi, suit avec le gros de l'armée et les Templiers ferment la marche. Ils sont vite repérés par Saladin qui les harcèle sans arrêt. Les Francs et leurs chevaux meurent de soif sous un soleil de plomb. Le vent souffle sur l'armée chrétienne et Saladin fait allumer des feux pour rendre impossible le séjour sur la butte de Hâttin. Très vite, elle est encerclée par les Musulmans, si près «qu'un chat n'aurait pu s'échapper de l'ost sans être vu». Saladin et son armée fondent sur les croisés, qui se rendent en masse. Saladin livrera les Templiers à ses hommes qui les martyriseront des jours durant, les considérant comme ennemis jurés de l'islam. Avant de les supplicier, ils leur demandent de «crier la Loi» (c'est-à-dire d'embrasser la foi musulmane), ce que refusent les deux cent trente chevaliers…

Après la bataille de Hâttin, Saladin obtient la capitulation de Gaza et des forteresses voisines. «Les Turcs se répandaient comme des fourmis sur la Terre sainte.» A Acre (à droite), entièrement livrée au pillage, Gérard de Ridefort, rescapé de la bataille de Hâttin, est tué le 4 octobre 1189; les biens du Temple sont attribués à un conseiller de Saladin. La prise de Jérusalem (ci-contre), est un désastre pour les croisés.

Leur armée est bientôt encerclée par les troupes de Saladin. Quelques chevaliers, dont Raymond de Tripoli, réussissent à traverser les lignes ennemies en une charge désespérée. Gui de Lusignan fait prisonnier, Saladin vainqueur massacre tous les chevaliers du Temple et de l'Hôpital, mais, chose surprenante, laisse la vie sauve à Gérard de Ridefort.

Le sultan ne s'arrête pas là. Après avoir pris et pillé Saint-Jean-d'Acre, il réussit à s'emparer de Jérusalem, le 4 juillet 1187. Il réduit la population en esclavage, à l'exception de ceux qui peuvent se racheter ou que le sultan consent à libérer, voire à racheter lui-même. La résidence du Temple redevient la mosquée al-Aqsâ, le *Templum Domini*, la mosquée d'Omar. Gérard de Ridefort parcourt les forteresses, incitant les habitants à capituler, à Gaza comme à Ascalon; désormais, en Terre sainte et particulièrement dans l'ordre du Temple, on murmure que ce personnage dont la conduite est constamment suspecte a en réalité «crié la loi», c'est-à-dire embrassé secrètement la foi musulmane.

Troisième, quatrième et cinquième croisades

Les Occidentaux se maintiennent néanmoins en Terre sainte, leur territoire réduit, il est vrai, à une étroite bande littorale, pouvant par conséquent recevoir des renforts par mer. Ainsi, en 1191, le roi de

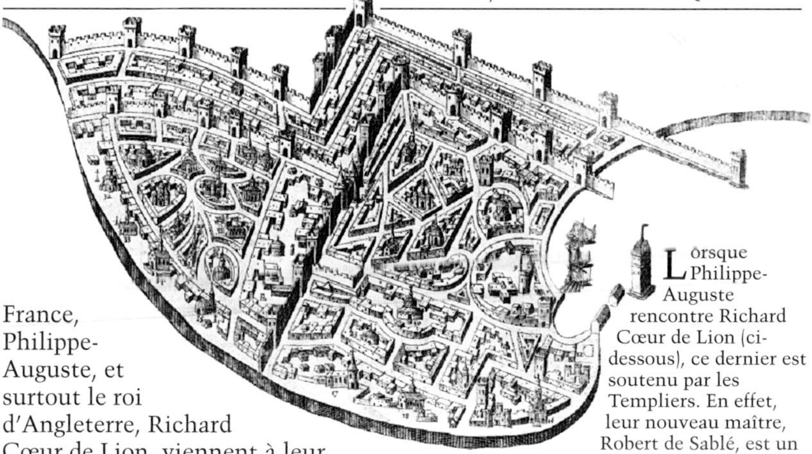

France, Philippe-Auguste, et surtout le roi d'Angleterre, Richard Cœur de Lion, viennent à leur secours et reconquièrent Saint-Jean-d'Acre, profitant des dissensions que connaît le monde musulman avant la mort de Saladin (en 1193) et soutenus par les chevaliers du Temple. Gérard de Ridefort disparu en 1189, la nouvelle élection, régulièrement faite, amène à la maîtrise du Temple Robert de Sablé, vassal du roi d'Angleterre. Sous sa conduite, puis sous celle de son successeur, Gilbert Erail,

Lorsque Philippe-Auguste rencontre Richard Cœur de Lion (ci-dessous), ce dernier est soutenu par les Templiers. En effet, leur nouveau maître, Robert de Sablé, est un ami personnel du roi d'Angleterre.

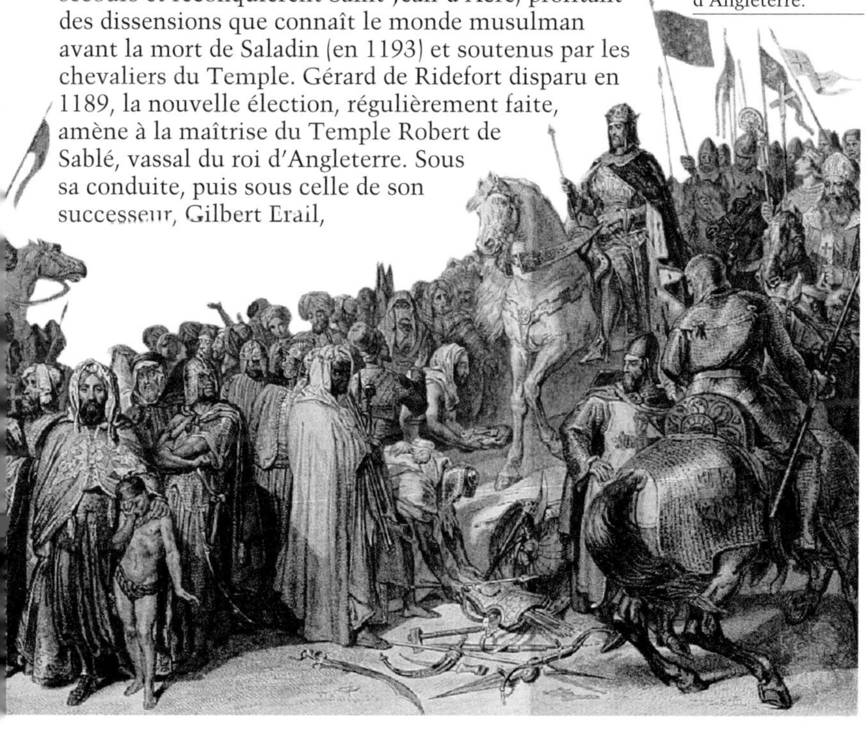

les Templiers s'installent à Saint-Jean-d'Acre et, après avoir fortifié Césarée, construisent à Athlit la forteresse de Châtel-Pèlerin.

Ils prennent part aussi à l'offensive contre l'Egypte, autour de Jean de Brienne, roi de Jérusalem, titre devenu un peu illusoire : c'est la cinquième croisade. Damiette est prise en 1219 et le sultan Hâkim propose de rétrocéder Jérusalem aux chrétiens contre l'évacuation de Damiette et de l'Egypte en général.

En 1219, les Francs reprennent l'offensive contre l'Egypte, afin de desserrer l'étau qui, du temps de Saladin, avait permis l'encerclement du royaume. Le 5 novembre, Damiette est prise d'assaut (ci-dessous). «Les Templiers avaient une grande perrière qui jetait mult long et mult droit, dont elle faisait grand dommage à la ville et jetait de façon qu'ils ne pouvaient s'en garder, car elle jetait une fois une part et une fois autre, et une fois près et une fois loin.»

Le monde musulman est alors, tout autant que le monde chrétien, sous le coup de l'inquiétude née de l'invasion de la Perse par les Mongols de Gengis-Khân. C'est du reste un Templier, Pons d'Aubon, qui envoie au roi de France le premier texte décrivant la menace des Mongols qui s'avancent vers l'ouest.

Il est vital pour les Francs et les Occidentaux en général de ne pas se trouver enserrés entre l'Egypte d'une part et la Syrie de l'autre. Malheureusement, l'offensive jusqu'alors bien menée par Jean de Brienne est contrecarrée par les initiatives imprudentes du légat du pape, le cardinal Pélage, qui commande l'expédition d'Egypte; les chrétiens doivent finalement capituler en 1221.

Dès l'arrivée de l'empereur d'Allemagne en Terre sainte, au printemps 1228 (ci-contre et ci-dessous), les relations entre Frédéric II de Hohenstaufen et les Templiers sont tendues, se résumant à un soutien distant. En effet, la croisade allemande est essentiellement diplomatique, il s'agit pour Frédéric II de jouer contre Rome qui l'a excommunié. Pour cela, il n'hésite pas à ouvrir des pourparlers avec le sultan. «Il afficha avec désinvolture des sentiments anti-chrétiens qui gênèrent les Musulmans eux-mêmes» (Marion Melville).

Les Templiers face aux chevaliers Teutoniques

Dès le début de la sixième croisade (1228), l'ordre du Temple entre en conflit ouvert avec l'empereur germanique Frédéric II de Hohenstaufen qui, bien qu'excommunié, mène d'actives négociations diplomatiques avec les sultans d'Egypte pour se faire rétrocéder Jérusalem ainsi que les seigneuries de Sidon et Toron. Il y parvient par le traité de Jaffa en 1229 qui stipule que Jérusalem sera rendue pour dix ans aux chrétiens à l'exception des Lieux saints de l'islam.

Or, Frédéric II favorise un nouvel ordre – les chevaliers Teutoniques – qui se veut, comme les Templiers, religieux et militaire. Semblable création a fait scandale en Orient, comme en Occident, car l'élan de la chrétienté qui a permis la conquête de Jérusalem en 1099 n'était nullement

lié à une nation ou à un chef d'Etat quelconque, et les chevaliers du Temple étaient recrutés sans distinction de nation, sur leur seule appartenance à la chrétienté. Les chevaliers teutoniques, eux, s'avèrent les chevaliers servants de Frédéric II, au point d'assister à la cérémonie sacrilège de son couronnement comme roi de Jérusalem, au Saint-Sépulcre, le 18 mars 1229.

En conséquence, le légat du pape fait mettre en interdit la Ville sainte, dévolue désormais à un roi excommunié. Frédéric II rend les Templiers responsables de cette série d'affronts et mène le siège contre le château qu'ils ont édifié à Saint-Jean-d'Acre. Mais il doit quitter en hâte la Terre sainte, poursuivi par une émeute des habitants de la ville qu'il a profondément choqués. Sa présence en Palestine a surtout eu pour effet de susciter une hostilité latente entre Templiers et Hospitaliers, qui l'ont quelque peu soutenu.

Les ordres militaires désormais s'affrontent dans une Palestine devenue l'enjeu d'intérêts étroitement temporels, marqués, ce qui est un fait nouveau, par des alliances d'ordre national, et paralysée par le manque de confiance d'une population chrétienne envers un «roi» de Jérusalem en lutte ouverte avec le pape.

C'est la première fois qu'une tentative de main-mise nationale est entreprise dans l'histoire de la défense de la Terre sainte. Les tentations de récupération n'avaient pourtant pas manqué. Ainsi, les Templiers s'étaient vu offrir en 1128 le château de Soure, au Portugal, en récompense de services rendus dans ce pays qui était, comme la Terre sainte, la proie des Sarrasins. On leur doit au Portugal la création de plusieurs villes, Radin, Ega et surtout Coimbra. De même en Espagne, le roi Alphonse d'Aragon était-il allé jusqu'à céder par testament aux Templiers son propre royaume en l'absence d'héritier mâle. Mais après sa mort en 1134, les chevaliers du

L'investiture de Frédéric de Hohenstaufen, se couronnant lui-même (ci-dessous) comme roi de Jérusalem, se déroule «de façon très désordonnée et très confuse, au préjudice manifeste de l'honneur et de l'excellence impériales», en présence de Hermann de Salza, maître de l'ordre des chevaliers Teutoniques (ci-contre), les autres ordres militaires – Templiers et Hospitaliers – ayant refusé de participer à la cérémonie.

Fondé sur le modèle de l'Hôpital et du Temple par le duc Frédéric de Souabe, l'ordre des chevaliers Teutoniques est essentiellement national. Au XIIIe siècle, ils acquièrent d'importants domaines en Terre sainte et en Méditerranée, mais surtout en Allemagne. Ils se distinguent à la croix noire de leur manteau et à leur casque typiquement germanique (ci-contre). Après leur départ de Palestine, les chevaliers Teutoniques vont participer très activement à l'expansion territoriale de l'empire vers la Prusse. L'ordre sera supprimé par Napoléon Ier en 1809 en Allemagne. Il subsiste encore aujourd'hui en Autriche sous une forme exclusivement religieuse, et se consacre aux œuvres charitables.

Temple avaient eu la sagesse de refuser ce don qui les aurait fixés dans une région et les aurait fait dévier de leur vocation primitive.

L'expédition de saint Louis : la septième croisade

En août 1244, Jérusalem, la Ville sainte, est attaquée à nouveau par les Turcs, malgré la résistance des Templiers : trois cent douze chevaliers sur trois cent

quarante-huit meurent au combat. Jérusalem est perdue, l'armée des Occidentaux en déroute. Est-ce la fin du royaume?

L'espoir du premier pèlerinage renaît avec la venue de Louis IX et de ses frères, lesquels débarquent en Terre sainte et se dirigent vers l'Egypte, objectif devenu classique. Ils reprennent Damiette (6 juin 1249). Le frère du roi, Robert d'Artois, quoique soutenu par les Templiers, se lance dans une folle expédition avec ses seules forces contre la forteresse

de Mansourah au sud-est du delta du Nil, en dépit des ordres donnés : c'est un désastre. Le roi de France parvient néanmoins à rétablir la situation (8 février 1250), mais il est handicapé par la crue du Nil et l'épidémie de dysenterie qui s'ensuit. Son armée est mise en déroute, le roi lui-même fait prisonnier, tandis que le maître du Temple, Guillaume de Sonnac, trouve la mort.

Marguerite de Provence, reine de France, soutient avec un courage sans égal le siège de Damiette et réussit à échanger la ville contre la libération de son époux et des principaux chevaliers.

Sur cette caricature, Renart, le héros rusé du roman, prône la fusion des Templiers et des Hospitaliers. Fondé en 1113 en Terre sainte pour protéger et soigner les pèlerins, et reconnu par le pape en 1120, l'ordre des Hospitaliers de Saint-Jean-de-Jérusalem (sceau en bas, au centre) est antérieur à celui du Temple de quelques années. Les deux ordres rivalisent souvent dans leur soutien aux souverains de Terre sainte. Ainsi, les Hospitaliers ne sont pas totalement hostiles à Frédéric II. Mais en 1241, ils entrent en lutte ouverte, ajoutant à la précarité du royaume latin. Après la chute de Saint-Jean-d'Acre, ils s'installeront à Chypre et conquerront l'île de Rhodes où ils demeureront jusqu'en 1522, date à laquelle ils seront chassés à leur tour par le sultan ottoman, Soliman le Magnifique. Ils se réfugieront à Malte, prenant alors le nom de «chevaliers de Malte». En 1798, lors de la prise de l'île par Bonaparte, les Hospitaliers s'installeront définitivement à Rome.

Louis et Marguerite passent encore quatre années en Terre sainte, relevant une à une les forteresses, renforçant un royaume que les discordes et les désunions des chrétiens ont largement ébranlé. Les possessions franques retrouvent alors une certaine unité – parmi les actes qui y contribuent, l'attitude sans ambiguité du roi qui casse le traité conclu de son propre chef par le nouveau maître du Temple, Renaud de Vichiers, avec les sultans de Damas. L'ordre du Temple y gagne un renom d'orgueil et d'insubordination qui n'est certes pas sans fondement.

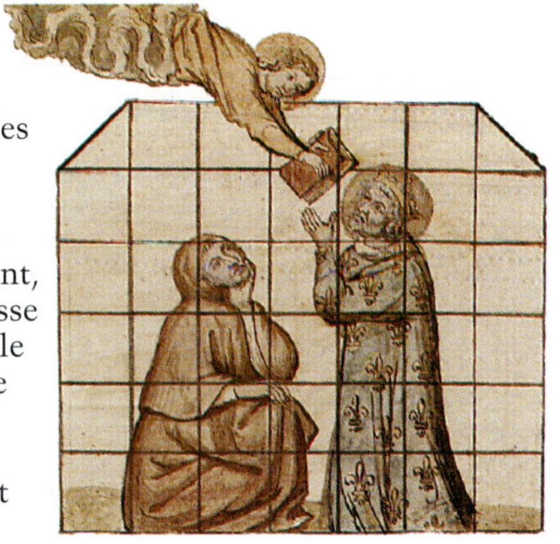

Après sa capture, saint Louis (ici recevant la visite d'un ange dans sa geôle), doit faire appel à son épouse, Marguerite de Provence, pour verser sa rançon. Cette dernière envoie Joinville auprès du Temple pour solliciter son aide.

La fin du Temple en Terre sainte

Après le départ de saint Louis en avril 1254, les hostilités internes, quelque temps apaisées, ne tardent pas à se manifester de nouveau, notamment sous l'influence des commerçants italiens qui fréquentent alors les côtes, fournissant aux croisés armes et ravitaillement, mais qui sont avant tout soucieux de la prospérité de leur négoce. Une véritable guerre éclate même entre la ville de Gênes soutenue par le maître de l'Hôpital, et les négociants de Venise et de Pise, qui se réclament de l'appui du Temple. Le pape tente d'intervenir, en vain. Rivalités sordides au milieu desquelles les barons francs ne savent pas saisir les chances offertes d'une alliance avec ces Mongols qui terrorisent les musulmans, mais surtout qui les retardent.

Le sultan Baïbars, maître de l'Egypte, dominée par les Mamelouks depuis 1250, en profite, quant à lui, pour enlever successivement les places fortes des Occidentaux : Césarée, Saphet, Jaffa, Antioche (1265-1268). Il conquiert le Châtel-Blanc des Templiers et le fameux Krak des chevaliers, que tiennent les Hospitaliers.

Une trêve de dix ans ne suffit pas aux chrétiens pour se regrouper et les Mamelouks relancent l'offensive en 1288. Coup décisif, sous prétexte d'une attaque des musulmans par des pèlerins débarqués

fraîchement d'Italie, le sultan al-Ashraf met le siège devant Saint-Jean-d'Acre (avril-mai 1291) avec des forces considérables (deux cent vingt mille hommes), ce qui amène – trop tard – la réconciliation des deux ordres dont les maîtres, Guillaume de Beaujeu pour le Temple (le dernier grand maître à siéger en Orient), Jean de Villiers pour l'Hôpital, marchent ensemble à la défense des tours sur lesquelles s'acharnent les troupes musulmanes. L'un et l'autre y trouvent la mort. La dernière tour – la tour Maudite – cède enfin sous les assauts et les sapes, ensevelissant, avec les derniers Templiers, les mamelouks qui mènent l'assaut. La citadelle tombe le 28 mai. Les dernières places fortes – Tyr, Sidon, Tortose – sont évacuées sans combat, les Templiers survivants quittent la Terre sainte.

Auprès de Guillaume de Beaujeu, servait en Terre sainte Jacques de Molay, qui serait le dernier maître de l'ordre; il participa aux ultimes opérations militaires du Temple.

Avec la perte de Saint-Jean-d'Acre, c'en est fini de la présence chrétienne en Terre sainte, et de la vocation du Temple à protéger les pèlerins. Déjà les compromissions de la foi et de la politique avaient déconsidéré les Templiers. Leur repli en Occident va achever leur ruine.

CHAPITRE IV

VERS LA RUINE DU TEMPLE

Jacques de Molay, figure emblématique du Temple (à gauche), est né en 1244 et mourra sur le bûcher en mars 1314, sur l'ordre de Philippe le Bel (sceau ci-contre). Le règne de ce souverain, le dernier des Capétiens, va marquer la fin de l'époque féodale proprement dite et les débuts d'une aspiration vers la «monarchie», un Etat dans lequel le roi gouverne seul.

S'ils se sont fait massacrer presque jusqu'aux derniers en Orient, les Templiers demeurent nombreux en Occident dans les diverses commanderies. Les maîtres se succèdent : après Guillaume de Beaujeu, Thibaud Gaudin, à la mort duquel, en 1295, Jacques de Molay hérite de la maîtrise d'un ordre à la destination devenue évidemment imprécise. Il réside à Chypre où l'ordre a sa nouvelle maison principale. On élabore des projets divers pour une survie de l'ordre, tandis que les Hospitaliers persistent dans leur activité principale, celle de frères infirmiers, dans les diverses maisons qui subsistent, entre autres dans l'île de Rhodes qu'ils conquièrent en 1309.

Les Templiers sont devenus impopulaires

A cette impopularité, plusieurs raisons : d'abord les exemptions dont ils jouissent par rapport au corps ecclésial dans l'ensemble. Ces exemptions remontent à la bulle *Omne datum optimum* d'Innocent II de 1139. Par elle, l'ordre du Temple échappe à la juridiction des évêques; il peut avoir ses propres prêtres, ses chapelains qui assurent l'assistance religieuse et ne relèvent pas des évêques du diocèse du lieu. De même, les Templiers sont exonérés de toutes les dîmes auxquelles sont soumis en général les ordres religieux, exception faite des Cisterciens. Divers autres privilèges, comme la jouissance d'une quête annuelle dans chacune des églises, ajoutent encore aux jalousies nées de ces avantages que les évêques trouvent indus.

De plus, les Templiers, bénéficiaires de nombreuses donations, ont la réputation d'être riches. Par exemple, le cartulaire de la commanderie de Montsaunès mentionne plus d'une centaine de chartes entre 1156 et 1193; s'il s'agit parfois de dons infimes, terres ou herbages, il reste que cette multitude de donations dans la région du Comminges est impressionnante.

Banquiers d'Europe

Par ailleurs, une habitude a contribué à faire des Templiers de véritables banquiers : les pèlerins, au moment de leur départ, plutôt que de s'exposer à être

Jacques de Molay fut reçu dans l'ordre du Temple en 1265, selon les règles du rituel : «S'il veut obéir studieusement au commandement de la Règle et qu'il plaise au maître et aux frères de le recevoir, les frères étant assemblés en chapitre, qu'il [le postulant] dise sa volonté et son désir devant tous et fasse sa demande en pur courage.» Après cette demande, faite à genoux, mains jointes, le postulant répond à des questions devant les Evangiles, puis s'engage : «Oui, Sire, s'il plaît à Dieu.» Il est alors revêtu du manteau, signe de son appartenance au Temple.

Aux XIIe et XIIIe siècles, les legs sont très fréquents. Ci-dessous, acte de donation d'une maison dans la région de Provins, par Henri, comte de Troyes.

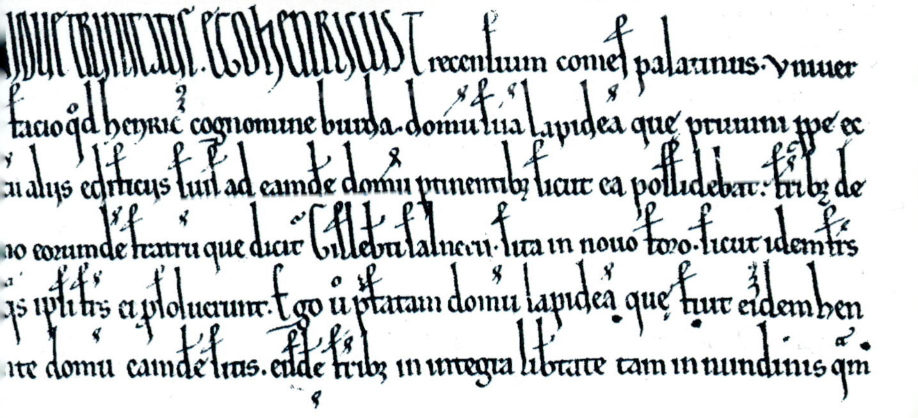

volés et dépouillés sur des routes peu sûres, confient aux maisons du Temple en Occident la somme qu'ils comptent emporter, moyennant une attestation, véritable lettre de crédit qu'ils présentent dans l'une des maisons du Temple outre-mer, qui réglera le montant; les Templiers détiennent donc des sommes qui, même si elles ne leur appartiennent pas, contribuent à leur réputation de richesse. Ils deviennent bientôt des banquiers à part entière.

Ainsi, raconte Joinville, lorsqu'en 1250 saint Louis doit verser une rançon de deux cent mille livres pour sa libération, l'entourage royal chargé de payer la somme s'aperçoit que trente mille livres lui manquent. Joinville, lui-même, propose de les emprunter aux Templiers qui, dans leurs «galées» (navires), transportent un vrai trésor. Le commandeur, Etienne d'Otricourt, intervient : cet argent ne lui appartient pas, il n'en est que le dépositaire et ne saurait donc en disposer, même pour la libération du roi. Joinville, choqué par cette opposition, sans vouloir en entendre davantage, saisit une hache et

A côté des maisons et des terrains, les Templiers reçoivent des donations sous la forme de trésors proprement dits. Ainsi, dans la miniature ci-dessus, Templiers et Hospitaliers reçoivent de la main du roi Henri II Plantagenêt un calice, semblable à celui du trésor de la cathédrale de Reims (ci-dessus).

déclare : «J'en ferai la clé du roi», ouvrant de force le coffre dans lequel il puise les trente mille livres. Il justifie son acte en arguant que les Templiers détiennent à Saint-Jean-d'Acre le dépôt royal sur lequel ils pourront s'indemniser.

Comme l'écrit Léopold Delisle, un historien du XIXe siècle : «Il n'y a aucune exagération à dire que le trésor du Temple a été, pendant tout le XIIIe siècle, la caisse où se centralisent et s'administrent les ressources financières destinées aux croisades et aux différents besoins de la Terre sainte.» C'est là l'amplification d'une habitude prise avant même le développement des pèlerinages en Orient : les seigneurs, voire de simples particuliers, ont fréquemment recouru aux trésors des églises pour y mettre en dépôt des sommes ou des objets de valeur, ces trésors étant des lieux surveillés auxquels leur caractère sacré confère une certaine immunité. Le fait que le Temple soit une organisation militaire bien gardée et possède, en Occident et en Orient, de très nombreuses maisons a évidemment contribué à accroître son activité financière. On trouve là

Tiares et châsses contenant des reliques, ornées de pierres précieuses comptent souvent parmi les donations faites aux Templiers. Mais l'essentiel des objets donnés reste des biens de consommation : bétail, denrées alimentaires. Les dons sont faits à l'occasion du départ en Terre sainte – c'est alors plus souvent un dépôt –, mais également lors d'un testament ou suite à un vœu de charité. On se place ainsi sous la protection des Templiers, hommes saints par excellence. La papauté leur avait accordé la jouissance complète de ces dons.

Lieux de transactions financières importantes, les foires annuelles comme celle du Lendit à Saint-Denis (à gauche, lors de la bénédiction par l'évêque), sont fréquentées par les marchands, mais également par les Templiers. Ils y exercent leur métier d'agriculteurs, vendant leurs récoltes ou leur bétail : ce sont les recettes ordinaires du Temple. Les recettes extraordinaires sont produites par la quête qu'ils sont autorisés à faire une fois par an dans chaque église de la chrétienté d'Occident.

les origines de ce qui deviendra la lettre de change et même le chèque bancaire. Ainsi existe-t-il de très nombreuses chartes attestant des dettes contractées dont on spécifie souvent qu'elles sont remboursables au moment des foires de Champagne ou d'Ile-de-France, ou encore par l'intermédiaire des négociants italiens – gens de Sienne, de Pise, de Gênes, etc.

Le trésor royal

Dès la fin du XIIe siècle, la maison de Paris – principal établissement des Templiers en France – recueille les finances royales. Lorsqu'il «prend la croix», Philippe Auguste confie à frère Aymard, trésorier du Temple de Paris, le soin de faire exécuter son testament, tandis qu'en son absence il désigne le trésor du Temple comme dépositaire des sommes provenant des divers domaines royaux et recueillies par les baillis ou sénéchaux : c'est l'amorce de la future Chambre des comptes. Le Temple va rester ainsi dépositaire du trésor royal jusqu'à la fin du XIIIe siècle. Le souverain y puise les sommes nécessaires à ses

besoins personnels comme sur un compte courant.

Cependant, à partir de 1295, un trésor royal destiné à l'administration fonctionne également au Louvre. Philippe le Bel décide de confier ses deniers à deux banquiers florentins – Albizzi Francesi et Musciatto. Néanmoins, après la lourde défaite de Courtrai en 1302, le roi fait appel au Temple, et Hugues de Pairaud, qui a la charge de «visiteur» – sorte d'inspecteur de l'ordre – est chargé de recouvrer les impôts levés par le roi pour continuer les guerres de Flandre.

Cette activité financière est mal ressentie dans le peuple, soumis à l'impôt, particulièrement lourd sous Philippe le Bel; en même temps, on reproche aux Templiers de n'avoir su conserver la Terre sainte.

De retour de Terre sainte, les Templiers arrivent ici dans la maison de Paris, le Temple, où fut déposé à plusieurs reprises le trésor royal.

A quoi sert désormais la richesse de leurs commanderies ? Par ailleurs, le maître du Temple, Jacques de Molay, rejette la proposition qui lui est faite de fondre son ordre avec les Hospitaliers. Rien pourtant ne laisse prévoir le stupéfiant dénouement : le vendredi 13 octobre 1307 à l'aube, tous les Templiers de France sont arrêtés dans leurs commanderies sur ordre du roi.

La dynastie capétienne se perpétuait depuis trois cents ans. Ci-dessus, Philippe le Bel, entouré de ses fils, qui mourront sans héritier; une dynastie glorieuse s'achève sur des «rois maudits».

L'arrestation

On a pu dire qu'il s'agit là de «l'une des opérations policières les plus extraordinaires de tous les temps», préparée de longue date dans le plus grand secret. Un mois plus tôt, le 14 septembre, des lettres closes ont été adressées aux baillis et aux sénéchaux du royaume avec ordre de les ouvrir à un jour dit ; il leur est également enjoint d'ouvrir une information secrète sur toutes les maisons dépendant du Temple dans leur circonscription, de choisir «des prud'hommes puissants du pays [...] et les informer de la besogne sous serment et secrètement», enfin au jour indiqué, le 13 octobre, d'arrêter les personnes et saisir les biens.

Roman, théâtre et télévision se sont emparés de la fin du Temple. A gauche, Philippe le Bel en conseil (*Les Rois maudits*, téléfilm d'après le roman de Maurice Druon); au centre, l'arrestation d'un Templier, à droite, Nogaret remettant une lettre au roi, images tirées de la pièce de Guy Vassal, *Le Procès des Templiers*.

Les prescriptions royales semblent avoir été suivies à la lettre. La manière de procéder est partout la même : par exemple pour la commanderie de Payns en Champagne – celle du fondateur de l'ordre –, un gentilhomme délégué par le bailli de Troyes, accompagné d'une quarantaine d'hommes en armes, se présente devant l'établissement et s'empare du commandeur, Ponsard de Gisy, ainsi que des autres frères chevaliers ou sergents, à l'exception des domestiques. S'installe alors un administrateur temporaire désigné par le roi. A Paris, le chancelier Guillaume de Nogaret arrête lui-même Jacques de Molay. Trois mille commanderies environ sont ainsi l'objet d'une visite le même jour, à la même heure, démontrant la préparation méthodique et minutieuse de cet événement. En effet, Philippe le Bel est avant tout un législateur ; il est entouré non plus d'hommes d'armes comme ses prédécesseurs, mais de juristes, de professeurs de droit qu'il a d'ailleurs institués «chevaliers ès-lois». Parmi eux, Guillaume de Nogaret, puis Guillaume de Plaisians, lesquels vont prendre une part très active à l'affaire.

Les chevaliers du Temple menés en prison par les agents du roi (miniature du XIVe siècle). Le 13 octobre 1307, le jour même de l'arrestation, à Paris, Philippe le Bel se rendit en personne à la maison du Temple pour récupérer le trésor royal, mais surtout pour saisir celui des Templiers.

Un pape sous influence

Au moment où il prépare cette attaque d'envergure contre un ordre religieux dont l'œuvre intéresse toute la chrétienté, Philippe le Bel sait n'avoir rien à redouter du pape. Un long interrègne a suivi la mort de Boniface VIII (11 octobre 1303); son successeur, Benoît XI, meurt – très opportunément – à la veille du jour où il se préparait à excommunier Guillaume de Nogaret, accusé d'hérésie. Le conclave qui doit nommer le nouveau pape s'éternise durant onze mois. Il n'a pas lieu à Rome où se déchirent les factions opposées des Orsini (qui soutenaient Boniface) et ceux des Colonna (qui lui étaient hostiles). A Pérouse, les cardinaux finissent par désigner l'archevêque de Bordeaux Bertrand de Got, qui prend le nom de Clément V (5 juin 1305). Lors de son investiture, à Lyon, un balcon s'écroule sur le passage du cortège

pontifical et fait douze victimes, dont un frère du pape et le duc de Bretagne. Clément V est un juriste, maître de droit romain formé successivement à Orléans et à Bologne, qui ne veut pas prendre le

risque de rester à Rome, déchirée de conflits. Il résidera en France, dans le Comtat venaissin, premier des papes qui se succéderont en Avignon – étroitement soumis à l'influence française, à celle de l'université de Paris en particulier. Il ne saurait donc contrarier les desseins royaux, qui ne visent à rien moins qu'à éradiquer l'ordre du Temple, pour mieux s'approprier des richesses supposées immenses.

La cité d'Avignon (au centre) va devenir la résidence des papes en 1305 (et jusqu'à 1378), à la nomination de l'archevêque de Bordeaux – Bertrand de Got (à gauche, sur une miniature et ci-dessous, représenté sur son sceau) – qui prend le

nom de Clément V. On le décrit comme «maladif, très soucieux de sa santé, velléitaire et obstiné à la fois».

De l'arrestation des Templiers, le 13 octobre 1307, à leur condamnation à mort le 18 mars 1314, s'écoulent presque sept ans d'un procès truqué dès le départ. Philippe le Bel se révèle un fin juriste, expert en manipulations de l'opinion, du peuple au pape, en passant par les juges.

CHAPITRE V

LES TEMPLIERS AU BÛCHER

Les ruines du château de Gisors (ci-contre) nous introduisent dans ce qui est la légende des Templiers, puisque ce château, souvent évoqué à leur propos, ne leur a appartenu en réalité que pendant six mois. En revanche, les bûchers sur lesquels ils sont morts, en France, relèvent bien de l'histoire.

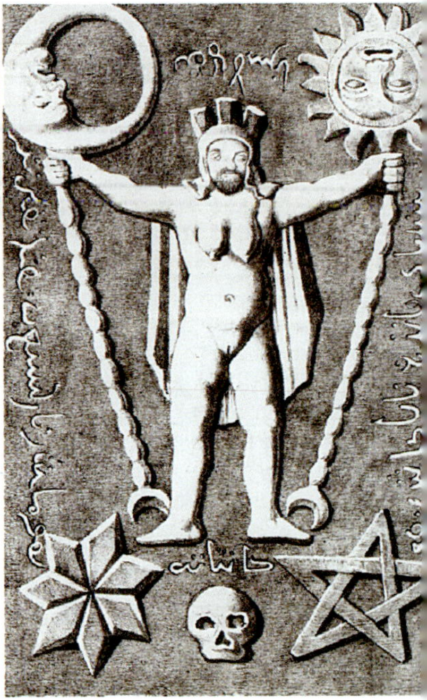

Ces figures sculptées, même si elles sont postérieures au XIVe siècle, sont conformes à ce que l'on imaginait être les rites obscènes de réception dans l'ordre du Temple; de même, la représentation du «Baphomet» (du nom de Mahomet), supposé être l'idole des chevaliers.

Philippe le Bel est le premier roi à se révéler maître en manœuvres policières; il est aussi le premier qui ait saisi l'importance de l'opinion publique avec force déclarations et manifestes à usage de propagande.

Apostasie, outrages, obscénités et sodomie

Dès le lendemain de leur arrestation, un premier manifeste diffusé à Paris accuse les Templiers d'apostasie, outrages à la personne du Christ et rites obscènes, particulièrement au moment de la réception des chevaliers; ils adoreraient une idole nommée le «Baphomet» et porteraient sur eux une cordelette consacrée sur sa statue. Le dimanche 15 octobre 1307, officiers royaux et frères prêcheurs parcourent les rues pour commenter et expliquer ce manifeste à la foule ébahie. Le 16, le roi adresse à tous les princes et prélats de la chrétienté une lettre les invitant à faire arrêter les Templiers de leurs Etats. Il se trouve peu de réponses favorables. Le roi d'Angleterre, Edouard II (gendre de Philippe le Bel) suggère aux rois de Portugal, de Castille, d'Aragon et de Sicile de réfléchir : les accusations lancées par Philippe lui paraissent dictées par la calomnie et la cupidité. L'affaire enfin ne relève-t-elle pas de la compétence du pape? Finalement, les Templiers ne seront pas inquiétés hors de France.

Des aveux sous la torture

Du 19 octobre au 24 novembre, cent trente-huit Templiers de Paris et des environs sont remis entre

les mains des officiers du roi, qui procèdent aux interrogatoires : trente-six prisonniers meurent sous la torture. L'Inquisiteur de France, Guillaume de Paris, confesseur du roi et son allié contre Boniface VIII en 1303, interroge les prisonniers à Paris dans la salle basse du Temple. Trois seulement nient les crimes qu'on leur reproche.

Hugues de Pairaud avoue que les frères reçus dans l'ordre du Temple doivent renier par trois fois le Christ et cracher sur le crucifix; celui qui les reçoit les baise ensuite par trois fois, une fois au nombril, une fois sur la bouche et enfin au bas de l'épine dorsale. Il leur est enfin enjoint de se livrer à la sodomie. «Tous les frères de l'ordre sont-ils reçus de cette façon?» Le malheureux répond d'abord par la négative, avant d'affirmer le contraire.

Pour Guillaume de Paris, il ne s'agissait pas de connaître la vérité, mais d'étayer l'acte d'accusation en obtenant les aveux nécessaires, par n'importe quel moyen. En premier lieu, la torture sous laquelle un grand nombre de Templiers allaient mourir – la méthode est celle de l'Inquisition (ci-dessous).

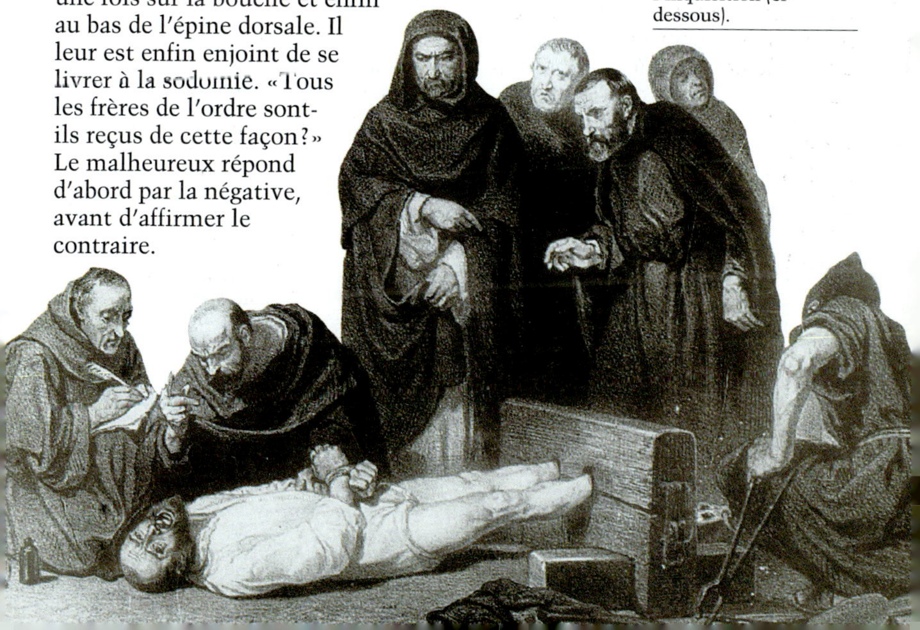

Clément V réagit

Le 17 octobre, le pape réunit ses cardinaux et convoque les Templiers de la Curie pour les assurer de sa protection. Le 27, il écrit à Philippe le Bel et lui reproche d'avoir saisi les personnes et les biens des Templiers. Mais un mois plus tard, le 22 novembre, à la grande satisfaction du roi, la bulle *Pastoralis preeminentie* ordonne à tous les princes d'arrêter les Templiers dans leurs Etats – à la suite, dit le pape, de certaines révélations des Templiers eux-mêmes. Il promet un procès ecclésiastique : les biens des Templiers leur seront rendus s'ils sont reconnus innocents.

On peut croire, un temps, que le pape prend en mains une affaire qui relève de la juridiction ecclésiale. Il demande au roi que les Templiers et leurs biens lui soient remis. D'accord pour livrer les personnes, dit le roi, mais non les biens. En février 1308, à la veille du jour où les Templiers doivent être remis au pouvoir pontifical, des tablettes signées du maître invitent les prisonniers à révoquer des aveux faits sous la torture. Est-ce là ce qui décide le pape à révoquer le pouvoir des Inquisiteurs? Toujours est-il qu'il déclare que l'affaire est désormais de son ressort.

Contre-attaque : le 25 mars suivant, le roi convoque à Tours des états généraux pour inciter le peuple à exiger la condamnation des «errements» des Templiers. Dans le même temps, circule un libelle, *Remontrances du peuple de France*, rédigé par le légiste normand Pierre Dubois, conseiller royal, qui reproche au pape sa lenteur à châtier les coupables, et fait allusion à l'attachement de Clément V aux biens temporels.

Les Templiers devant le pape

Du 27 juin au 1er juillet, comparaissent devant Clément V soixante-douze Templiers. Dépositions accablantes – mais il s'agit surtout de simples sergents dont quelques-uns ont d'ailleurs quitté l'ordre. Le pape veut interroger les principaux dignitaires : Jacques de Molay, le maître, le visiteur

A la suite des interrogatoires (à droite, celui de Jean de Cassanhes, le 13 novembre 1307 à la sénéchaussée de Carcassonne), le pape (ci-dessus) adresse une lettre de protestation au roi de France, lui reprochant d'avoir «étendu la main sur les personnes et les biens des Templiers». En réalité, c'est bien ce dernier point qui le chagrine…

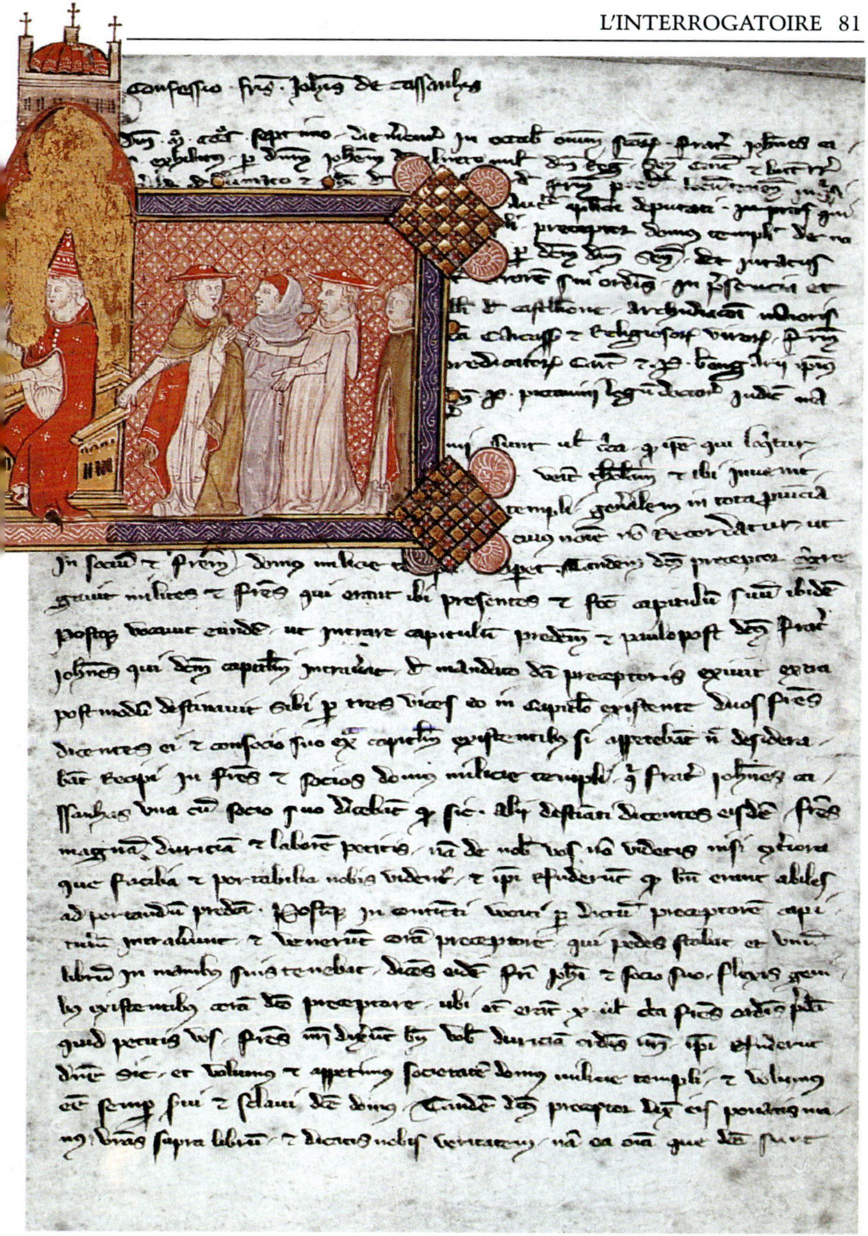

Confessio fris. Johis de Cassanhas

Hugues de Pairaud, Geoffroy de Charnay et Geoffroy de Gonneville, précepteurs de Normandie et de Poitou-Aquitaine, et le précepteur d'outre-mer, Rimbaud de Caron : on lui fait savoir que, malades, ils doivent demeurer au château de Chinon où ils sont détenus.

Le pape y délègue alors trois cardinaux, Béranger Fredol, Etienne de Suisy et Landolphe de Brancaccio – les deux premiers sont des familiers de Philippe le Bel. Les Templiers interrogés au mois d'août 1308 devant Guillaume de Nogaret et Guillaume de Plaisians confirment les aveux faits au roi le mois d'octobre précédent.

Clément V rétablit l'Inquisiteur Guillaume de Paris dans ses fonctions et institue des commissions ecclésiastiques pour faire, dans chaque diocèse, le procès des Templiers sous l'autorité de l'évêque – quoique les prisonniers demeurent sous la garde du roi. Chaque commission doit comporter deux chanoines, deux frères prêcheurs, deux frères mineurs; elles sont mises en place avec une extrême lenteur.

La première, presque exclusivement composée d'évêques dévoués à la cause royale, s'ouvre le 8 août 1309 à Paris. En principe, ceux qui déposent sont cités à titre de témoins, non d'accusés. Les Templiers qui comparaissent savent «l'impossibilité pour eux de se dédire sans risque de se parjurer, d'être condamnés comme relaps et voués au bûcher» (Roger Sève).

L'interrogatoire de Jacques de Molay

Le maître du Temple, qui comparaît le 26 novembre, est fort étonné à la lecture de la déposition qu'il

Tirées du *Roman de Fauvel*, héros qui, comme Renart, personnifie l'hypocrisie, ces miniatures du XIVe siècle illustrent les «lamentations de la Sainte Eglise sur les fautes et les crimes des Templiers». Dans sa lettre de convocation des états généraux, Philippe le Bel reprend le même thème, chef d'œuvre de duplicité : «O douleur! O abominable, amer et funeste dévoiement des Templiers. [...] Nous nous emploierons à extirper [leurs] crimes effroyables et [leurs] errements, pour la sécurité de la foi et l'honneur de notre Sainte Mère l'Eglise.»

aurait faite à Chinon devant les cardinaux délégués par le pape. Guillaume de Plaisians intervient pour l'exhorter à ne pas «se perdre sans cause». Le maître se borne à quelques vagues protestations, rappelle la beauté des cérémonies religieuses du Temple, les aumônes, le sang versé pour la défense de la foi chrétienne. Ponsard de Gisy, commandeur de Payns en Champagne, proteste également : «S'il est encore mis à la torture, il reniera tout ce qu'il dira et dira tout ce qu'on voudra.»

Philippe le Bel fait nommer Philippe de Marigny, frère de son favori Enguerrand et adversaire déclaré du Temple, à l'archevêché

Ces deux scènes extraites, l'une des *Rois maudits*, l'autre du *Procès des Templiers*, évoquent l'interrogatoire de Jacques de Molay. Particulièrement actif à poursuivre les Templiers, Guillaume de Nogaret (à gauche, les personnages d'Enguerrand de Marigny, financier du roi et de Guillaume de Nogaret, vus par la télévision) fut tout au long de cette affaire le bras droit de Philippe le Bel, comme il l'avait été, en 1306, lors de la première expulsion des juifs de France. Le 26 novembre, le maître du Temple dépose devant les commissaires du roi et proclame : «Je désire que la vérité, quant aux griefs qu'on impute à mon ordre, ne soit pas connue seulement de ceux qui en font partie, mais qu'elle parvienne aux oreilles de tous les rois, princes, prélats, ducs, comtes et barons de l'univers!»

Ce tableau de Jacques de Molay en prison décèle une recherche croissante de «couleur locale» : le peintre s'applique à reproduire avec exactitude ce que lui-même peut connaître de l'architecture ou des costumes de l'époque féodale. Jacques de Molay était emprisonné dans la tour du Coudray, à Chinon, qui subsiste aujourd'hui et qui ressemble fort peu à la vaste salle ici représentée. Témoin capital du procès, dont dépendrait la suite de l'instruction, le maître comparaît le 26 novembre 1309. Le lendemain, il est assisté par le Templier Ponsard de Gisy, commandeur de Payns, qui le défend farouchement. «Son témoignage trancha, comme un coup d'épée, la trame des accusations tissées par les légistes.» (Marion Melville).

de Sens; l'année suivante, le 11 mai 1310, cinquante-quatre Templiers y sont condamnés à mort par le concile provincial et brûlés le lendemain comme relaps près de la porte Saint-Antoine, à Paris, en proclamant leur innocence. Ceux qui persistent dans leurs «aveux» sont remis en liberté.

La commission reprend ses séances. Aimery de Villiers-le-Duc se jette à genoux devant les commissaires, les supplie de ne pas révéler aux gens du roi ce qu'il va dire; il a assisté la veille au départ de ses frères condamnés au bûcher et craint de ne pas offrir de résistance s'il est lui-même brûlé; il avouera n'importe quoi – «il avouerait même avoir tué le Seigneur si on le lui demandait».

Les commissaires tentent une vaine intervention auprès de Philippe de Marigny et ajournent leurs réunions jusqu'au concile de Vienne, le 16 octobre 1311. Le roi interdit d'y amener les dignitaires de l'ordre, toujours incarcérés.

Le Temple abandonné du pape

Décembre 1311 : le pape pose quatre questions aux évêques réunis en concile :

– Doit-on accorder à l'ordre du Temple des défenseurs?

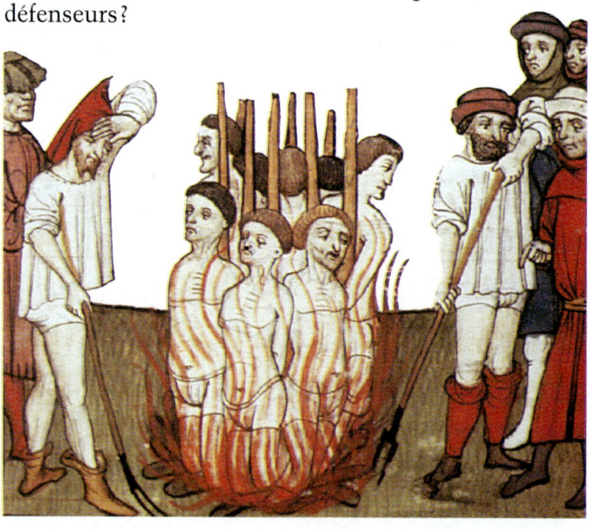

Les Templiers qui revenaient sur les aveux faits sous la torture étaient immédiatement condamnés comme «relaps» (retombés dans l'hérésie). Seuls les relaps étaient destinés au bûcher. Cent ans plus tard, Jeanne d'Arc subira le même sort, pour le même motif.

– Doit-on accepter la défense offerte par les neuf Templiers qui se sont présentés au concile?

– Sinon, peut-on permettre aux membres de l'ordre de se réunir pour désigner un procureur?

– Ou le pape doit-il désigner d'office un défenseur?

Réponse bien embarrassante pour le pontife : «Tous sauf cinq ou six appartenant au conseil du roi de France», note un observateur, demandent que les Templiers soient admis à se défendre. Car Clément V a, selon les conseils maintes fois réitérés du roi et de son entourage, plus ou moins abandonné les personnes même des Templiers; mais les biens de l'ordre l'intéressent.

Convoqué pour statuer sur l'affaire des Templiers, le concile de Vienne, présidé par Clément V, se réunit en 1311. Le pape doit affronter certains évêques, venus de l'étranger et donc hors de l'influence du roi de France, qui s'interrogent sur le bien-fondé des accusations portées contre l'ordre.

La suppression de l'ordre

Philippe le Bel se rend lui-même à Vienne en grand cortège, le 20 mars 1312, après avoir adressé une lettre au pape exigeant l'abolition de l'ordre du Temple et le transfert de ses biens à un autre ordre de chevalerie. Dès le surlendemain, Clément V, en consistoire secret, sans prononcer de condamnation, fait approuver cette suppression par la bulle *Vox in excelso* «pour le bien de l'Eglise». Une seconde bulle, le 2 mai suivant, *Ad providam*, attribue à l'ordre des Hospitaliers les biens de l'ordre du Temple.

Les richesses du Temple échappent au roi. Tout au plus peut-il recueillir les profits des commanderies pendant le temps où elles sont administrées par ses agents – profits bien insuffisants pour combler le déficit du trésor royal creusé par ses ambitions militaires.

Les Templiers comparaissent ici au concile de Vienne devant le pape et Philippe le Bel. Ci-dessus, la bulle de Clément V donnant aux Hospitaliers les biens des Templiers.

La condamnation des Templiers

Reste à décider du sort des dignitaires du Temple. Le 22 décembre 1312, Clément V délègue ses pouvoirs à trois cardinaux : Nicolas de Fréauville, Arnaud d'Auch et un Italien, Arnaud Novelli – tous trois fort proches de Philippe le Bel.

Sur le parvis de Notre-Dame de Paris, le 18 mars 1314, se joue le dernier acte : comparaissent Jacques de Molay, le maître de l'ordre, Hugues de Pairaud, le visiteur de France, et les deux précepteurs de Normandie et du Poitou, Geoffroy de Charnay et Geoffroy de Gonneville. Les trois cardinaux, assistés par Philippe de Marigny, prononcent la condamnation à la prison à vie des Templiers.

La lecture de la condamnation de Jacques de Molay est le dernier acte du procès des Templiers, et sans doute le plus bouleversant. Le maître se lève (ci-dessous) et proteste hautement de toutes les accusations dont l'ordre est accablé, devant une foule qui a longtemps vu dans les Templiers sinon des coupables, du moins des orgueilleux, imbus de leurs richesses.

Alors se lèvent Jacques de Molay et Geoffroy de Charnay. Solennellement, devant la foule stupéfaite, ils protestent de leur innocence : l'ordre est saint, la règle du Temple est sainte, juste et catholique; ils n'ont commis ni les fautes ni les hérésies qu'on leur attribue; leur seul crime a été de se livrer à de faux aveux pour sauver leur vie.

Des miniatures médiévales à la télévision, le supplice des chevaliers du Temple a suscité une abondante iconographie. Ces images fascinent car elles expriment la fin de la féodalité.

❝Le bûcher fut allumé avec une extrême lenteur calculée, afin qu'ils souffrissent le plus qu'il était possible. Mais les deux grands du Temple, environnés de flammes, ne cessèrent de clamer leur foi en Dieu et l'innocence de l'ordre. Le peuple de Paris maudit le roi, rompit les cordons de la garde, se précipita sur l'échafaud, afin de recueillir, parmi les cendres brûlantes, quelques os calcinés, reliques insignes que l'on se disputa, car nul ne doutait plus de la sainteté, ni de l'honneur du temple.❞

Georges Bordonove
Les Templiers, 1963
[à droite, le bucher des Templiers, miniature]

L'un des sergents frappe sur la bouche du maître pour le faire taire. Lui et son compagnon sont aussitôt déclarés «relaps» et condamnés à mourir sur le bûcher dressé le même jour, sur l'Ile-aux-Joncs (à la hauteur du Pont-Neuf). Ils demandent à tourner leur visage vers Notre-Dame, selon la coutume des Templiers de dire toujours à la fin de leurs prières

du soir «les complies de Notre-Dame, pour ce que Notre-Dame fut au commencement de notre religion [notre ordre] et en Elle et en son honneur sera, si Dieu plaît, la fin de nos vies et la fin de notre religion, quand il plaira à Dieu que ce soit.»

Les Templiers sont parmi nous... Leur popularité et l'intérêt diffus qui demeure attaché à l'ordre du Temple sont attestés par nombre de publications contemporaines. Ainsi, pages suivantes, la bande dessinée de Jacques Martin et Jean Pleyers, *Le Secret des Templiers*.

DÈS QUE LES PRÉPARATIFS FURENT ACHEVÉS, LE ROI, IMPATIENT, OBLIGEA LA COUR ET TOUS LES CORPS DE L'ÉTAT À ASSISTER AUX SUPPLICES DE JACQUES DE MOLAY ET DE SON ADJOINT GEOFFROY DE CHARNAY. QUANT AU PEUPLE, IL SE PRESSAIT SUR LES RIVES TOUT À LA FOIS AVIDE ET INQUIET.
BIENTÔT LE BÛCHER FUT ENFLAMMÉ ET LA POIX DONT ÉTAIENT ENDUITS LES CONDAMNÉS LES CERNA DE FEU. C'EST ALORS QUE JACQUES DE MOLAY, D'UNE VOIX TERRIBLE, ASSIGNA LE PAPE CLÉMENT, LE ROI PHILIPPE, LES MINISTRES NOGARET ET MARIGNY À COMPARAÎTRE DEVANT LE TRIBUNAL DE DIEU. CELA AVANT LA FIN DE L'ANNÉE.
LORSQUE SES DERNIÈRES PAROLES FURENT AVALÉES PAR LES FLAMMES, IL MAUDISSAIT LA DYNASTIE ET LE ROYAUME. LE VISAGE DE PHILIPPE LE BEL, TEL DU MARBRE, N'AVAIT PAS BOUGÉ ET SON REGARD FIXAIT LE FOYER QUI SE CONSUMAIT, COMME S'IL MESURAIT SOUDAIN LE DÉSASTRE DE TOUT CELA À TRAVERS LE TEMPS !

CEPENDANT, QUELQUES SEMAINES PLUS TARD, LE 20 AVRIL, LE PAPE CLÉMENT V MOURAIT DANS D'ATROCES SOUFFRANCES.
PUIS LE TERRIBLE PHILIPPE LE BEL, APRÈS AVOIR APERÇU UN ÉTRANGE CERF DONT LES BOIS ENFERMAIENT UNE CROIX QUI SCINTILLAIT DANS LA BRUME, TOMBA DE CHEVAL, PARALYSÉ. IL RENDIT L'ÂME PEU DE JOURS APRÈS.
ENFIN, L'AFFREUX NOGARET FUT TROUVÉ, EN NOVEMBRE, INANIMÉ PRÈS D'UNE BOUGIE QUI EMPESTAIT! IL PÉRIT LE LENDEMAIN.
ET LE DERNIER, MARIGNY, FUT PENDU AU GIBET DE MONTFAUCON SOUS LE PRÉTEXTE DE PRÉVARICATION: LA TERRIBLE PROPHÉTIE DU GRAND MAÎTRE COMMENÇAIT SES RAVAGES...
L'ORDRE DES TEMPLIERS ÉTAIT ABATTU MAIS PAS COMPLÈTEMENT MORT. ON VIT ALORS CERTAINES COMMANDERIES NE JAMAIS ÊTRE ACHETÉES, PAR PEUR, MAIS EXPLORÉES ET FOUILLÉES PAR D'ANCIENS FRÈRES QUI, SANS PLUS DE RESSOURCES, CHERCHAIENT DE QUOI SUBSISTER.
CES CREUSEMENTS ANARCHIQUES FIRENT BEAUCOUP POUR LA LÉGENDE DES TRÉSORS CACHÉS.

En Espagne, les Templiers, soumis à la suppression de l'ordre, entrèrent pour la plupart dans d'autres ordres militaires comme celui de Calatrava (ici fresque de Teruel), qui avait hérité des biens du Temple de Castille.

Les Templiers sont délivrés de l'histoire. Désormais, ils accèdent au mythe

L'opinion publique française a quelque peu évolué au cours du procès. Les protestations ultimes et la mort courageuse de Jacques de Molay et de Geoffroy de Charnay ont ému. Mais la mort du pape dans la nuit du 19 au 20 avril 1314, puis celle de Philippe le Bel frappé d'apoplexie, à l'âge de quarante-sept ans,

le 20 novembre de cette même année, bouleversent le peuple. Ainsi naît la légende de Jacques de Molay maudissant le pape et le roi, les assignant l'un comme l'autre «à comparaître dans les six mois devant le tribunal de Dieu».

Nulle part en Europe, les accusations lancées par Philippe le Bel contre l'ordre du Temple ne sont relevées. Mais une fois la dissolution prononcée par le pape, les chevaliers du Temple, pour la plupart, rejoindront d'autres ordres religieux similaires : ainsi en Espagne et au Portugal, les ordres de Calatrava, d'Alcantara, d'Avise ou de Saint-Jacques de l'Epée.

La grande réussite du Temple, suivie sitôt d'une telle catastrophe, les immenses richesses accumulées, dont

Depuis le XVIIIe siècle – et surtout au XIXe et au XXe siècle – l'histoire des Templiers a été récupérée par des sectes ou par des auteurs d'ouvrages «d'initiation» qui se déclarent leurs descendants ou leurs héritiers, presque toujours en méconnaissant et en dénaturant la véritable histoire de l'ordre des «Pauvres Chevaliers du Christ».

Ordre initiatique du Moyen-Age

Philippe le Bel ne récupéra qu'une infime partie, les prophéties prêtées à Jacques de Molay enchaîné au bûcher, tout concourut à façonner très vite, dans l'opinion, une légende noire.

On a rasé, à Paris, la maison du Temple au XIXe siècle. Mais l'anéantissement des marques historiques a favorisé l'épanouissement du mythe, pieusement entretenu par maints chercheurs de trésors, et revendiqué par des sectes plus équivoques que ne le furent jamais les chevaliers du Temple.

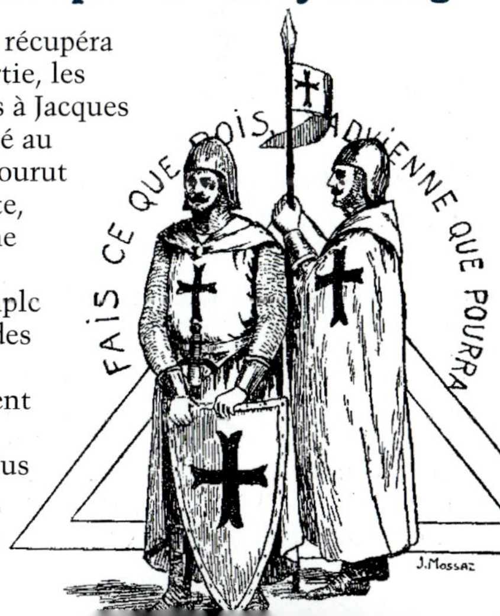

TÉMOIGNAGES ET DOCUMENTS

«Car de notre vie vous ne voyez que l'écorce
qui est par dehors…
mais vous ne savez pas
les forts commandements qui sont dedans.»
(la règle du Temple)

Entrer dans l'ordre

Lors du procès des Templiers, l'une des principales accusations portait sur le cérémonial de réception dans l'ordre. Les chevaliers étaient soupçonnés de pratiques obscènes et hérétiques. Le très beau et très fidèle texte de l'historien Georges Bordonove prouve qu'il n'en était rien.

La réception d'un frère au Temple est une cérémonie presque aussi émouvante que la désignation du Maître. Elle évoque irrésistiblement cette enluminure de la Queste du Saint-Graal où l'on voit un chevalier agenouillé, mains jointes, devant l'autel. Mélange des rites de l'adoubement chevaleresque et de l'initiation, elle introduit le nouveau frère en un monde nouveau, une vie plus haute en laquelle il puisse se rédimer de ses péchés anciens. Qu'on nous pardonne de la transcrire tout au long et que l'on veuille admettre que, si l'on en ignore les détails, il n'est pas possible de comprendre profondément l'histoire du Temple.

Dans la chapelle d'une Commanderie, le Chapitre est réuni. Le Commandeur demande si quelqu'un s'oppose à la réception de l'impétrant. Si tous se taisent, il l'envoie chercher, le fait mettre en une chambre proche du Chapitre. Et là, deux ou trois prud'hommes vont à la fois lui poser les questions préalables et l'instruire de ce qu'il aura à répondre. Ils doivent insister sur la dureté de la discipline et les peines qu'il aura à souffrir. Si, après cette exhortation, il persiste dans sa décision, les prud'hommes entrent au Chapitre et rendent compte de l'entretien au Maître. Alors celui-ci demande: « Voulez-vous qu'on le fasse venir de par Dieu?»

Et l'assistance répond : «Faites-le venir de par Dieu.»

Le nouveau Frère est alors introduit; il s'agenouille devant le Maître (ou le Commandeur) et dit humblement :

«Sire, je suis venu devant Dieu, devant vous et devant les frères, et vous prie, et vous requiers par Dieu et par Notre-Dame, que vous m'accueilliez en votre compagnie et dans les bienfaits de la Maison, comme celui qui à tout jamais veut être serf et esclave de la Maison.»

Le Commandeur répond :

«Beau frère, vous requérez bien grande chose, car de notre religion vous ne voyez que l'écorce qui est par-dehors. Car l'écorce est telle que vous nous voyez avoir beaux chevaux, et belles robes, et ainsi vous semble que vous serez à votre aise. Mais vous ne savez pas les forts commandements qui sont par-dedans ; car c'est une grande chose que vous, qui êtes sire de vous-même, deveniez serf d'autrui. Car, à grande peine, vous ne ferez jamais à votre désir : si vous voulez être en la terre qui est en deçà la mer, l'on vous mandera au-delà; si vous voulez être en Acre, on vous mandera en la terre de Tripoli, ou d'Antioche, ou d'Arménie; ou l'on vous mandera en Pouille, ou en Sicile, ou en Lombardie, ou en France, ou en Bourgogne, ou en Angleterre, ou en plusieurs autres terres où nous avons nos maisons et possessions. Et si vous voulez dormir, on vous fera veiller; et si parfois vous voulez veiller, on vous commandera d'aller reposer en votre lit. Quand vous serez à table, que vous voudrez manger, on vous commandera d'aller où l'on voudra, et vous ne saurez jamais où. Maintes fois vous devrez entendre des réprimandes. Or regardez, beau frère, si vous pourrez souffrir toutes ces duretés.»

Et si, nonobstant cette mise en garde, le nouveau venu dit : «Oïl (oui), je les souffrirai toutes s'il plaît à Dieu», le Commandeur précise encore :

«Beau frère, vous ne devez pas requérir la compagnie de la maison pour avoir seigneuries ni richesses, ni aise de votre corps, ni honneur. Mais vous la devez requérir pour trois choses : l'une pour éviter et laisser le péché de ce monde; l'autre pour faire le service de notre Seigneur; et la troisième pour être pauvre et faire pénitence en ce siècle afin de sauver votre âme; et telle doit être l'intention pour laquelle vous la devez demander.»

Il ajoute :

«Voulez-vous être tous les jours de votre vie désormais serf et esclave de la maison?

Le nouveau frère :

«Oïl, s'il plaît à Dieu, Sire.»

Le Commandeur :

«Voulez-vous désormais et tous les jours de votre vie laisser votre volonté, faire ce qu'ordonnera votre Commandeur?»

Le nouveau frère :

«Sire, oïl, s'il plaît à Dieu.»

Le Commandeur :

«Sortez hors du Chapitre et priez Notre-Seigneur qu'il vous conseille.»

Lorsque le nouveau frère a quitté la salle, le Commandeur s'adresse en ces termes au Chapitre :

«Beaux Seigneurs, vous voyez que ce prud'homme a grand désir de la compagnie de la maison, dit qu'il veut être tous les jours de sa vie désormais serf et esclave de la maison. Et je vous ai demandé que, si l'un d'entre vous connaissait un empêchement à ce qu'il ne dût être frère droiturièrement, il le dise, car ensuite il serait trop tard.»

Il répète sa question : «Voulez-vous qu'on le fasse venir de par Dieu?» et l'assistance, sa réponse. De nouveau, le candidat est exhorté par des prud'hommes. Il revient devant le Chapitre, s'agenouille, et renouvelle sa requête : «Sire, je viens devant Dieu, devant vous et devant les frères…» Et le Commandeur, ses questions auxquelles le futur frère répond : «Sire, oïl, s'il plaît à Dieu.»

Alors le Commandeur invite l'assistance à se lever et à prier; puis le chapelain récite l'oraison du Saint-Esprit. Le Commandeur ouvre des Evangiles, les remet au nouveau venu, toujours à genoux, en lui disant :

«Beau frère, les prud'hommes qui vous ont parlé, vous ont assez questionné; quoique vous ayez répondu, ce sont paroles vaincs, ct nous ne pourrions, ni vous-même, en avoir grand dommage. Mais voyez ici les saintes paroles de Notre-Seigneur; des choses que nous allons vous demander, dites-nous vérité, car, si vous en mentiez, vous en seriez parjure et en pourriez perdre la maison, dont Dieu vous garde.»

Il lui pose six questions :

– Est-il marié ou fiancé, risque-t-il d'être réclamé par une femme à laquelle on le rendrait après lui avait fait «grand honte»?

– Appartient-il à un autre Ordre?

– A-t-il des dettes qu'il ne puisse payer?

– Est-il sain de son corps ?

– Cherche-t-il à entrer au Temple par simonie?

S'il est candidat chevalier, on lui demande s'il est noble : «fils de chevalier et de dame», de lignage chevaleresque et enfant légitime («de loyal mariage»).

S'il s'agit d'un sergent, on lui demande s'il est homme libre et non «serf d'aucun homme» qui le pourrait réclamer à la Maison.

Dernières questions :

– Est-il prêtre, diacre ou sous-diacre?

– Frappé d'une sentence d'excommunication?

De nouveau le Commandeur le met en garde contre le mensonge si bénin soit-il. Puis :

– Or beau frère, or entendez bien ce que nous vous disons : Vous promettez à Dieu et à Notre-Dame que, tous les jours de votre vie, vous serez obéissant au Maître du Temple et à quelque Commandeur sous lequel vous serez placé?

– Oïl, Sire, s'il plaît à Dieu.

– Encore promettez à Dieu et à Notre-Dame Sainte-Marie que, tous les jours de votre vie, vous vivrez sans rien à vous?

– Oïl, Sire, s'il plaît à Dieu.

– Encore promettez à Dieu et à Madame Sainte-Marie de respecter, tous les jours de votre vie, les bons usages et bonnes coutumes de notre maison, actuels et futurs?

– Oïl, Sire, s'il plaît à Dieu.

– Encore promettez à Dieu et à Madame Sainte-Marie que, tous les jours de votre vie, vous aiderez à conquérir, à la force et au pouvoir que Dieu vous a donnés, la sainte terre de Jérusalem, et à garder et sauver celles que tiennent les Chrétiens?

– Oïl, Sire, s'il plaît à Dieu.

– Encore promettez à Dieu et à Madame Sainte-Marie que jamais vous ne laisserez cette religion (l'Ordre du Temple) pour plus fort ni plus faible, pire ni meilleur, sans le congé du Maître et du couvent?

– Oïl, Sire, s'il plaît à Dieu.

– Encore promettez à Dieu et à Madame Sainte-Marie que jamais vous ne serez en lieu ni place où nul chrétien soit opprimé à tort et à déraison, ni par votre force ni par votre conseil?

– Oïl, Sire, s'il plaît à Dieu.

Le moment de la réception est enfin venu. Le Commandeur la prononce selon le formulaire indiqué dans les Retrais :

«Et nous, de par Dieu et de par Notre-Dame Sainte-Marie, et de par notre père l'apostole (le pape), et par tous les frères du Temple, nous vous accueillons à tous les bienfaits de la maison qui ont été faits dès le commencement et qui seront faits jusqu'à la fin, et avec vous votre père et votre mère et tous ceux que vous voudrez accueillir de votre lignage. Et vous aussi, vous nous accueillez en tous les bienfaits que vous avez faits et ferez. Et nous vous promettons du pain et de l'eau, et la pauvre robe de la maison, et de la peine et du travail en suffisance.

(Autrement dit, le nouveau chevalier est associé aux prières et honneurs célestes du Temple qu'il associe aux siens propres, et cette grâce s'étend à ses parents et à sa famille.)

Le Commandeur prend le manteau de l'Ordre, le met au col du nouveau frère, en ferme les lacets. Le frère chapelain lit le psaume : *Ecce quam bonum et quam jucundum habitare fratres in unum*... (Voici qu'il est bon, qu'il est agréable d'habiter tous ensemble comme des frères...), puis l'oraison du Saint-Esprit. Chaque frère dit une patenôtre. Le Commandeur relève celui qui est agenouillé et lui donne le baiser de paix «sur la bouche» selon l'usage du temps. Le frère chapelain, de même.

La cérémonie d'investiture est terminée. Le Commandeur fait courtoisement asseoir devant lui le nouveau venu. Il lui dit «bellement» :

«Beau frère, notre Sire vous a amené à votre désir et vous a mis en cette belle compagnie de la chevalerie du Temple. Prenez grand-peine à la garder.»

Il énumère ensuite les fautes qui risqueraient de le priver de l'habit ou de la maison, précise les obligations qui lui incombent désormais et lui conseille d'interroger les frères d'expérience en cas de doute et d'ignorance de la Règle. Il achève ainsi :

«Or nous avons dit les choses que vous devez faire, et celles dont vous devez vous garder, celles qui vous feraient perdre la maison, ou l'habit, ou vous exposeraient à d'autres justices (pénitences). Et si nous n'avons pas tout dit quoique nous le devrions, vous le demanderez. Et que Dieu vous laisse bien dire et bien faire. Amen.»

Georges Bordonove
Les Templiers,
Fayard, Paris, 1963.

Une règle de vie

Rédigée à peine dix ans après la fondation de l'ordre par Hugues de Payns, la règle des Templiers – d'abord en latin puis traduite et quelque peu rectifiée dans sa version française – se devait de fixer les cadres de la vie des chevaliers, que ce soit en Terre sainte ou dans les commanderies d'Occident.

La maison chêvetaine

Le mode de vie des chevaliers dans la maison mère de Jérusalem – le Temple – diffère peu des autres commanderies en Terre sainte : une vie typiquement monacale, rythmée par les prières et le recueillement, doublée des activités du château fort, entraînement des hommes et entretien des armes; ils remplissent là totalement le rôle de moines-chevaliers.

«Entre les murs de Jérusalem et la porte Dorée, se trouve le Temple. Il y a là un espace plus d'un grand trait de flèche en longueur, et large d'un jet de pierre, et de là on arrive au Temple. Ce terrain est pavé, d'où lui vient son nom. A gauche, en issant de ce portail, se trouve le Temple de Salomon où demeuraient les Templiers.» Du terre-plein des marches montent vers le Dôme de la Roche, le *Templum Domini*, où les chevaliers se promenaient durant leurs heures de loisir.

Le Temple était une ville dans la ville, une forteresse dans la forteresse.

«A la droite vers le méridien, se trouve le palais qu'on dit bâti par Salomon. Dans ce palais, ou édifice, on voit une écurie d'une capacité si merveilleuse et si grande, qu'elle peut loger plus de deux mille chevaux ou mille cinq cents chameaux. Les chevaliers du Temple ont beaucoup de bâtiments attenants au palais, larges et amples, avec une nouvelle et magnifique église, qui n'était pas terminée quand je la visitai.» Comme la plupart des églises du Temple, celle-ci était dédiée à la vierge. «Car Notre Dame était le commencement de notre Ordre, et en Elle et en Son Honneur seront la fin de nos vies et la fin de notre Ordre quand Dieu voudra qu'ils cessent.» On l'appelait «Sainte-Marie-Lateran» – des

Latins – pour la distinguer des Sainte-Marie-Majeure et Mineure, et de Sainte-Marie-Madeleine au quartier juif.

Le réfectoire que les juifs persistaient à nommer *le palais*, était une vaste salle voûtée à colonnes. Les murs étaient décorés de trophées d'armes, dont les Templiers ornaient aussi leurs églises : des épées, des heaumes damasquinés, des boucliers peints, des cottes de mailles dorées pris à l'ennemi. Les écuyers rangeaient les tables le long des murs, et les recouvraient de nappes de toile avant les repas; les premiers venus s'asseyaient le dos au mur, les autres en face. Seuls le maître et le chapelain du couvent avaient droit à des places réservées. On jonchait les dalles de roseaux comme dans tous les châteaux, et malgré la défense de chasser faite aux Templiers, il ne manquait pas de chiens couchés sous les tables – de chats aussi – auxquels il était interdit de donner les restes destinés aux pauvres.

Selon Jean de Wirtzburg, «la maison du Temple donne des aumônes suffisamment larges aux fidèles du Christ et aux pauvres, mais pas le dixième de ce que donne l'Hôpital». Pourtant, la charité du Temple était grande, et faite avec une noble courtoisie. «Et encore est-il commandement à la maison que les frères, quand ils sont servis de chair ou de fromage, tranchent de leur belle pièce en telle manière qu'ils en ayent assez et qu'ils laissent la pièce belle et entière au plus qu'ils pourront… Et ce fut ainsi établi pour ce que la pièce fût plus honorable pour donner à aucun pauvre honteux, et au pauvre plus honorable de la prendre.» On a beaucoup reproché leur orgueil aux Templiers, mais ce souci pour l'honneur d'un pauvre honteux devrait leur faire beaucoup pardonner.

En plus de l'aumône des restes (qui étaient si copieux que ce que laisseraient deux frères devait suffire à deux mendiants), quatre pauvres étaient nourris tous les jours dans chaque château ou maison chêvetaine, et cinq partout où mangeait le maître. Pendant quarante jours qui suivaient la mort d'un frère un mendiant mangeait la part du défunt; et lorsque *Dieu faisait son commandement* au maître, cent pauvres recevaient des portions, au dîner et au souper, pendant une semaine.

Les hôtes de tout rang étaient nombreux. Non seulement les «prud'hommes amis de la maison», invités à manger par le maître ou les grands baillis, mais aussi les amis des simples chevaliers, et même des frères sergents, trouvaient place aux repas. On faisait asseoir chaque invité à la place qui lui convenait : un chevalier parmi les chevaliers, un homme d'armes avec les sergents.

Entre les palais et l'église se trouvaient les dortoirs des frères chevaliers, des rangées de cellules donnant sur un couloir. Elles étaient meublées chacune d'une chaise ou d'un escabeau, d'une huche ou d'un bahut, et d'un lit muni de paillasson, traversin, drap et couverture – avec en plus une *carpite* ou couvre-lit «si quelqu'un voulait leur en donner». Les dortoirs des sergents n'étaient probablement que des salles communes. Tous avaient accès à l'église, où les frères descendaient chaque nuit pour chanter les matines. Près de l'église se trouvait aussi l'infirmerie pour les malades, et les *hostels* des commandeurs et des grands baillis.

Plus loin la maréchaussée, où se rangeaient les armes, les armures et le *menu harnais*, était placée sous les ordres du maréchal du couvent, avec la grosse forge où l'on travaillait les hauberts, les heaumes, les cottes de mailles; la ferrerie pour les fers des chevaux, et la «chevesterie» pour les selles, les brides, et la bourrellerie.

Il y avait aussi la draperie et la parementerie, celle-là un entrepôt pour les tissus destinés à l'usage de l'ordre : bure, *velus* et velours, bougran et toile de Reims; celle-ci un atelier de confection pour les vêtements des frères. L'une et l'autre étaient régies par le drapier du couvent, ainsi que la cordonnerie pour les chaussures, les ceintures et les baudriers.

Le domaine du commandeur de la viande comprenait les cuisines, la bouteillerie pour le vin, et le four où les frères boulangers avaient les mains tout le jour dans la pâte. (On les excusait pour cette raison des offices de l'après-midi, ainsi que les frères des forges.) Le commandeur de la viande dirigeait aussi les porcheries, les poulaillers et les jardins potagers, où poussaient lentilles, fèves, choux, aulx et oignons.

Il existe encore, creusés dans le rocher, les immenses souterrains qui formaient des silos pour le blé et le fourrage.
Des citernes profondes servaient de bains ou d'abreuvoirs. Les bouveries, les bergeries étaient placées en dehors de la ville, avec les haras pour l'élevage des chevaux de la caravane – le train de bêtes de somme et de chevaux de rechange.

Toutes ces activités bourdonnantes avaient pour but l'entretien du Couvent : c'est-à-dire la force militaire mobile du Temple, composée d'environ trois cents chevaliers et d'un nombre indéterminé de sergents. Les premiers portaient des cottes d'armes et des esclavines blanches, les autres s'habillaient de noir; le brun était réservé aux chevaliers séculiers affiliés à l'Ordre. Tous arboraient la grande croix rouge sur la poitrine et le dos.

Marion Melville,
La Vie des Templiers,
Gallimard, 1974.

Une règle de vie

Rédigée à peine dix ans après la fondation de l'ordre par Hugues de Payns, la règle des Templiers, d'abord en latin puis traduite et quelque peu rectifiée dans sa version française, se devait de fixer définitivement les cadres de la vie des chevaliers, basée sur une ascèse monacale, une obéissance sans faille au maître et sur les devoirs de chacun.

La Règle primitive, visiblement influencée par saint Bernard de Clairvaux, comporte soixante-douze articles, dont nous possédons deux versions : le texte latin, donné par le Concile, établi par le clerc Jehan Michel, et une traduction française qui lui est postérieure. Rien ne transparaît des discussions auxquelles elle donna lieu. Il est probable que, là encore, l'autorité dont jouissait

saint Bernard dût aplanir les obstacles. Observons tout de suite qu'à mesure que se développait la puissance de l'Ordre et que s'augmentaient ses privilèges, la Règle fut complétée tant par les bulles pontificales que par les «Retraits». Mais ces apports ne modifièrent jamais substantiellement la Règle primitive. Elle débute par cette belle, noble et pieuse admonestation :

«Nous parlons premièrement à tous ceux qui méprisent à suivre leurs propres volontés et désirent avec pur courage servir de chevalerie au souverain Roi, et avec un soin studieux endosser et endossent la très noble armure d'obédience… Et donc nous vous admonestons, vous qui avez mené jusqu'ici séculière chevalerie, en laquelle Jésus-Christ n'en fut mie cause, mais que vous embrassâtes seulement par humaine faveur, pour que vous suiviez ceux que Dieu a élus de la masse de perdition et chargés par son agréable pitié de la défense de Sainte-Eglise, et que vous vous hâtiez de vous joindre à eux perpétuellement.»

Et plus loin : «Bien a œuvré Damedieu (le Seigneur Dieu, *Dominus Deus*) avec nous et notre sauveur Jésus-Christ; lequel a mandé ses amis de la sainte cité de Jérusalem, en la marche de France et de Bourgogne, lesquels pour notre salut et pour l'accroissement de la vraie foi ne cessent d'offrir leurs âmes à Dieu, plaisant sacrifice.»

Les articles I à VIII, outre l'admonestation ci-dessus, constituent le procès-verbal du Concile.

De IX à XVI, les devoirs essentiels des Templiers, où l'influence cistercienne est discernable, sont minutieusement définis. On peut les résumer ainsi :

– Chaque jour les frères doivent entendre la messe, en sorte que «repus du corps de Dieu, soulés des Commandements de notre Seigneur, après le service divin, aucun ne s'épouvante d'aller en bataille, mais soit prêt au martyre». Si, d'aventure, un frère s'en trouve empêché «pour la besogne de la Maison et de la chrétienté d'Orient», il doit dire treize patenôtres à matines, sept à chaque heure et neuf à vêpres.

– La parole de saint Paul «*Probate spiritus si ex Deo sunt*» leur est rappelée. Obligation leur est faite d'imposer un temps de probation aux novices. Ceux-ci ne sont d'ailleurs reçus dans l'Ordre que s'il plaît au Maître et aux frères réunis en chapitre.

– L'article XI donne les principes de la réception; les Retrais en fixeront le cérémonial.

– Il leur est interdit de fréquenter les chevaliers excommuniés; mais si l'un d'eux sollicite son admission au Temple, les frères peuvent le recevoir «miséricordieusement», après absolution de l'évêque. Cette disposition s'assouplira à mesure que le Temple s'émancipera des tutelles épiscopales.

– Ils ne peuvent recevoir les enfants, car il vaut mieux qu'ils soient en âge de se battre et ne se repentent pas d'être entrés trop jeunes en religion.

Les articles XVII à XXIII sont consacrés à la garde-robe, et nous donnent des renseignements aussi pittoresques que précieux :

– Les robes doivent être d'une seule couleur, soit blanches, soit noires ou grises. Mais à tous – et c'est ici l'uniforme de la pieuse milice – le Concile octroie «blancs manteaux», symbole de leur réconciliation avec le Créateur. Ces blancs manteaux signifient chasteté totale qui est «sûreté de courage et santé du corps». Les vêtements doivent être simples, dépourvus de fourrures sauf d'agneaux et de moutons. Et si quelque frère présomptueux en sollicite un plus beau, qu'on lui donne le plus vil. Lorsque les chevaliers «touchent» une robe neuve, que l'on donne la vieille aux écuyers et aux servants, ou mieux, aux pauvres. Il est défendu de porter les chaussures effilées et recourbées qui étaient alors en vogue. Bref nulle «superfluité» n'est consentie aux frères.

– Mais en raison de la forte chaleur qui règne en Orient, de Pâques à la Toussaint, il leur est permis de porter des chemises de toile.

– Chacun aura son lit avec un traversin (la coltre), un matelas (le sac), un drap et une couverture (carpite). Il y dormira vêtu de sa chemise et de son caleçon fermé par une ceinture. Une lumière éclairera le dortoir jusqu'au matin.

– Les frères porteront les cheveux ras, la barbe et la moustache longues.

Saint Bernard remet la règle aux Templiers; en réalité il ne l'avait qu'inspirée.

Les articles XXIII à XXX intéressent les repas :

– Les frères doivent manger en commun, deux par écuelle, et en silence de crainte que leur langue ne parle «malement». Pendant le dîner et le souper, ils écoutent lire les saintes Écritures.

– Ils mangeront de la viande trois fois par semaine, car l'abus des viandes entraîne «corruption de corps». Toutefois leur ration sera doublée le dimanche, cependant que les écuyers et les servants se contenteront de l'ordinaire. Le lundi, le mercredi et le samedi, ils auront à choisir entre deux ou trois plats de légumes. Tous les vendredis, ils feront carême «par révérence de la passion de Jésus-Christ», de même que de la Toussaint à Pâques, les fêtes d'obligation exceptées. Les malades, les blessés en seront dispensés.

– Avant et après le repas, ils rendront grâce à Dieu soit à la chapelle si elle est proche du réfectoire, soit en celui-ci.

– Les reliefs seront distribués aux pauvres, ainsi que la dîme du pain.

– «Quand le jour s'en va et que vient la nuit», lorsque la cloche (la campane) retentit, ou l'appel, ils iront à complies, mais après avoir pris une collation modérément arrosée de vin à la discrétion du Maître.

La Règle définit ensuite la vie conventuelle (XXXI à XLIV). Elle souligne derechef la nécessité du silence. Les frères ne doivent pas s'attarder après complies, mais donner sobrement leurs ordres aux écuyers, puis s'en aller au lit en paix. Le Maître et les chevaliers les plus anciens ont licence de s'entretenir du gouvernement de la Maison, mais il leur appartient de se souvenir que «mort et vie sont en pouvoir de langue». Les frères «travaillés par la grant besoigne de la maison» (fatigués) peuvent être autorisés à ne se lever qu'après matines, mais à condition qu'ils récitent treize patenôtres en leur lit. A tous il est formellement recommandé de ne pas exagérer les abstinences (ces moines étaient aussi des soldats, ne l'oublions pas!) et de s'entraider.

Les pouvoirs du Maître sont quasi absolus. Cependant il lui est prescrit de réunir le Chapitre afin de prendre conseil et, pour les décisions importantes, l'ensemble du couvent. Mais les frères lui doivent obéissance et soumission : si l'un d'eux se courrouçait contre lui, il le ferait contre Dieu. Semblablement ne peuvent-ils s'éloigner du couvent sans le congé du Maître «fors de nuit au Sépulcre dans la Cité de Jérusalem» et encore à condition de s'y rendre par deux. « Nous commandons que… nul frère ne combatte ni ne repose selon sa propre volonté, mais selon les commandements du Maître, sous lequel ils doivent s'incliner, en sorte qu'ils puissent suivre cette sentence de Jésus-Christ : *Non veni facere voluntatem meam, sed ejus qui misit me, patris*.

Pour ce motif ne peuvent-ils recevoir de dons sans l'assentiment du Maître, avoir de malles fermant à clef, lire eux-mêmes les lettres qui leur parviennent.

Les articles XLV à L traitent des fautes :

– Si celles-ci sont légères et exceptionnelles, le coupable en aura «légère pénitence». Si elles sont trop graves ou coutumières, il sera expulsé de la Compagnie des frères; il ne boira ni ne mangera à leur table, en attendant d'être jugé par le Maître et le Chapitre.

– Dans les cas les plus graves, il sera expulsé de l'Ordre, en tant que «mauvaise ouaille».

– Il est interdit de médire et de calomnier. Quand un frère aura connaissance de la faute d'un autre frère, qu'il le châtie privément; au besoin qu'il en informe un troisième frère. Si le coupable s'entête dans son aveuglement, qu'on le dénonce en plein Chapitre.

– Nul ne doit se vanter de ses faiblesses, ni des prouesses qu'il a commises dans le siècle, ni des amours qu'il a connues.

– Nul ne peut demander le cheval ni les armes d'un frère. Si les siens sont insuffisants, qu'il s'adresse franchement au Maître.

Les articles suivants traitent de sujets

divers, sans grand ordre au surplus:
— Chaquc chevalier aura trois chevaux et un écuyer: si celui-ci sert de son bon gré «à la charité», le frère ne peut le battre quoi qu'il fasse.
— Les armes doivent avoir la même sobriété que le vêtement. L'or et l'argent doivent être exclus des brides, des étriers et des éperons. Si des armes argentées ou dorées sont données à l'Ordre, il convient de les peindre.
— Il est interdit aux frères de «bêtes bercer» (chasser) hormis le lion.
— L'Ordre pourra posséder des terres, des hommes libres et des serfs pour les faire valoir, et avoir part aux revenus ecclésiastiques (on se doute que cette dernière disposition rencontra quelque opposition).
— Il est recommandé tout spécialement d'honorer et de soigner les frères devenus vieux et les malades.
— Et, quand un frère «trépasse de vie à mort», on chante une messe pour le repos de son âme; ses compagnons disent cent patenôtres pendant sept jours et l'on nourrit un pauvrc pendant quarante jours. S'il s'agit d'un chevalier séculier servant à terme, il ne sera dit que trente patenôtres et l'on ne nourrira un pauvre que pendant sept jours.
— Quand un chevalier sert à terme, on lui paie la moitié de son cheval, «s'il lui plaît».
— Quand un écuyer ou un sergent demandent à servir à terme, ils doivent verser des garanties pécuniaires pour éviter qu'ils ne changent d'avis.
— Un homme marié peut devenir «associé» du Temple. S'il meurt, la moitié de ses biens revient à l'Ordre, l'autre à sa veuve «pour le soutènement de sa vie».
— Les frères ne peuvent être parrains, ni avoir compères ou commères.
— Enfin les articles les plus connus (LXX et LXXI) et qui valurent aux frères tant d'acerbes critiques, sinon pis : «Périlleuse chose est compagnie de femme, car le diable ancien par compagnie de femmes a déjeté plusieurs du droit sentier de paradis.» Défense donc d'en recevoir aucune dans les Maisons. «Nous croyons être périlleuse chose à toute religion que de trop regarder face de femme.» Défense de recevoir aucun baiser que ce fût de mère, de sœur ou de tante.

Geoges Bordonove,
Les Templiers,
op. cit.

Les deux règles du Temple

La première règle du Temple est élaborée lors du concile de Troyes de 1128. Elle est rédigée en latin très probablement par le patriarche de Jérusalem, Etienne de Chartres. C'est la règle latine primitive. Quelques années plus tard, vers 1140, apparaît la version française, comportant quelques variantes : cette dernière précise et accentue le pouvoir du maître : «Tous les commandements qui sont dits dessus cette présente règle sont à la discrétion et à l'égard du maître». Les frères lui doivent «ferme obéissance», ils doivent accomplir «sans demeurance» (sans retard) ce que le maître aura commandé, et c'est de lui qu'ils sollicitent le «congé» (la permission) d'aller «en ville ou en cité». Il est assisté d'un conseil composé de frères reconnus comme sages réunis en chapitre et qu'il doit surtout réunir pour chaque décision qui engagerait l'ensemble de la maison. […]

Il faut signaler quelques différences entre la règle primitive, rédigée en latin, et la règle en français. La première indique qu'avant son entrée tout chevalier devra se soumettre à «un terme

de probation», donc un noviciat. La longueur de ce noviciat dépend «de la réflexion et prudence du maître selon l'honnêteté de vie de celui qui a demandé (son admission)». Or cet article concernant un noviciat nécessaire se trouve supprimé dans la rédaction française.

Une autre différence importante, et qui a été signalée comme telle, est celle qui porte sur l'article XII du texte latin : «là où l'on aura appris que sont réunis des chevaliers non excommuniés, nous disons qu'il faut se rendre sans tellement considérer l'utilité temporelle, que le salut éternel de leur âme». Or l'article XII de la règle française s'intitule : «Des chevaliers excommuniés» et s'exprime de la façon suivante : «Là où vous saurez assemblés des chevaliers excommuniés, là nous vous commandons d'aller. Et s'il y en a qui veulent se rendre et ajouter à l'ordre de chevalerie des parties d'outre-mer vous n'en devez pas attendre le profit temporel tant que le salut éternel de leur âme». C'est souligner une différence grave, une véritable contradiction entre les deux textes; et il semble que cette contradiction dans les textes ait recouvert une contradiction également fondamentale dans la réalité, car on a pu relever plusieurs exemples de frères excommuniés qui furent reçus dans l'ordre. En 1175, le pape Alexandre III en faisait violemment le reproche aux Templiers comme d'ailleurs aux Hospitaliers anglais. Leur reprochant par ailleurs de donner dans leur cimetière une sépulture ecclésiastique aux excommuniés, ce qu'interdisaient les règlements ecclésiastiques. Il semble qu'un tel abus soit devenu courant dès le XIIe siècle parmi les chevaliers du Temple et cela explique que l'ordre ait pu, à certains moments, avoir pour maîtres des personnages dont la conduite sera hautement suspecte, comme par exemple, celle de Gérard de Ridefort – celui que l'on peut tenir responsable de la perte de Jérusalem.

Régine Pernoud,
Les Templiers,
PUF, Que Sais-Je?, Paris, 1974

Les Hospitaliers et les Chevaliers Teutoniques

Fondé en 1113, à peine six ans avant le Temple, l'ordre des Hospitaliers de Saint-Jean de Jérusalem avait la même vocation que les Templiers de défense des pèlerins, à laquelle s'ajoutait le devoir de les soigner. Les chevaliers Teutoniques, créés en 1198, étaient un ordre plus militaire dévoué à l'empereur d'Allemagne. Bien qu'obéissant à une règle assez similaire, les ordres rivalisèrent souvent dans leur soutien aux souverains en Terre sainte.

Chevalier hospitalier s'entretenant ici avec un souverain, d'après le *Roman de Renart*.

L'institution d'établissements hospitaliers est largement antérieure aux Croisades. Il s'agissait primitivement de couvents-hostelleries dont la destination exclusive était d'héberger les pèlerins venus d'Occident. L'un des plus importants fut l'Hospice de Saint-Jean qui subsista jusqu'à l'avènement de Godefroy de Bouillon, en dépit des pillages et des exactions des musulmans. Lors de la prise de Jérusalem, il était dirigé par le Bienheureux Gérard dont on ignore s'il était Français ou Amalfitain : il est en tout cas singulier que la croix à huit pointes des Hospitaliers figure dans les armes d'Amalfi. Les encouragements et le soutien de Godefroy de Bouillon, les aumônes qui affluaient, accrurent promptement et considérablement l'hospice de Gérard qui, dès lors, attribua à ses adeptes une Règle et un habit nouveaux. Il fut donc le véritable fondateur des Hospitaliers, observation faite cependant que ceux-ci n'étaient pas encore «militarisés». A la mort de Gérard, Raymond du Puy, son successeur, ajouta aux trois vœux ordinaires celui de défendre la Terre sainte les armes à la main. A ce moment de leur histoire, les Hospitaliers prirent le nom de Chevaliers de Saint-Jean de Jérusalem. Leur croissance aussi rapide que celle des Templiers fit qu'on les divisa bientôt en «langues». La part éminente qu'ils prirent à la défense des Lieux saints, leur rôle auprès des rois de Jérusalem, l'influence qu'ils exercèrent dans la politique du royaume, leur attitude à l'égard des musulmans, les constructions militaires dont ils assumèrent l'entretien et la défense (tel que le célèbre Krak des Chevaliers) sont, presque sur tous les points, analogues à ceux des Chevaliers du Temple. S'ils s'opposèrent parfois les uns aux autres,

c'était qu'ils se ressemblaient par trop, chacun plaçant son ordre au-dessus de toute autre puissance. Mais, plus heureux que les Templiers, la chute de Saint-Jean-d'Acre ne les prit pas au dépourvu. Les grands biens qu'ils avaient acquis à Chypre leur permirent de s'installer dans cette île et d'y continuer la lutte contre les Infidèles. En 1309, ils s'emparèrent de l'île de Rhodes où ils se maintinrent jusqu'en 1522, sous la dénomination de «Chevaliers de Rhodes». On connaît l'héroïque défense de leur Grand-Maître, Villiers de l'Ile-Adam, contre les Turcs. Refoulés de Rhodes, ils seront errants jusqu'à ce que l'empereur Charles Quint leur octroie l'île de Malte (1530) qu'ils transformèrent en imprenable bastion, adoptant le nom de «Chevaliers de Malte». […]

Quant à l'ordre Teutonique, il a son origine dans l'établissement, par un marchand allemand et son épouse, de l'hôpital Sainte-Marie de Jérusalem. Il suivit la même évolution que les ordres de Saint-Jean et du Temple. En devenant moines-soldats, les Teutoniques adoptèrent (1198) une Règle calquée sur celle des Templiers. Toutefois, rejetant le principe d'internationalisation de leur ordre, ils observèrent toujours un idéal strictement germanique : d'où leur comportement lors de la croisade de Frédéric II de Hohenstaufen. A vrai dire leurs intentions secrètes paraissaient avoir été de battre en brèche l'influence des Templiers et des Hospitaliers. Après la chute du royaume franc de Syrie, ils émigrèrent à Venise puis à Marburg et, soutenus par les chevaliers Porte-Glaive, ils conquirent d'immenses territoires en Prusse.

Georges Bordonove,
Les Templiers,
op. cit.

Un mythe tenace

Tout a été dit sur les Templiers et surtout le pire. Depuis la mort du roi de France et du pape, consécutives à celle de Jacques de Molay, le mythe n'a fait que croître, surtout à partir du XVIIIe siècle au moment de la constitution de confréries, comme les Francs-maçons. On parle aussi de malédiction et de trésors dissimulés. Encore aujourd'hui, nombreux sont ceux qui revendiquent l'héritage des Templiers, parfois dans le pire, comme récemment la secte du temple solaire.

L'affaire des templiers n'était, somme toute, ni plus basse quant aux accusations soulevées, ni plus brutale dans les méthodes employées, que celle du pape Boniface VIII, de Guichard évêque de Troyes, ou des propres belles-filles du roi, mais par son ampleur, par le nombre et la personnalité de ceux qu'elle frappait, son retentissement devait être plus profond encore. Et l'on comprend que le saisissement éprouvé à l'idée d'un ordre totalement corrompu, pratiquant collectivement de telles horreurs, ait pu ébranler la chrétienté entière. Sans doute les commissions pontificales siégeant dans les autres pays n'allaient-elles recueillir aucune de ces accusations soulevées contre les Templiers en France : il n'y eut qu'un seul Templier en Angleterre pour s'accuser d'apostasie. Mais le fait même que l'ordre se trouvait supprimé par le pape qui eût dû la défendre ne devait pas moins entraîner des soupçons sur lesquels les imaginations travaillèrent.

Elles ont travaillé jusqu'en notre temps, d'où l'incroyable moisson d'allégations fantaisistes attribuant aux Templiers tous les ésotérismes, des plus anciens aux plus vulgaires, toutes les variétés de savoirs alchimiques ou magiques, tous les procédés d'initiation ou d'affiliation, nés ou à naître – en un mot, tous ces «secrets» dont se nourrit une soif inhérente à la nature humaine et qui, par une sorte de revanche instinctive, ne semble jamais plus affirmée qu'aux époques où l'on semble rejeter tout mystère: rappelons que c'est au temps même de Descartes que les procès en sorcellerie se sont multipliés, que c'est au début du XVIIIe siècle rationaliste qu'est née la Franc-Maçonnerie, que notre XXe siècle scientifique est aussi celui de la prolifération des sectes et d'une

Graffitis attribués aux Templiers sur les murs de la tour du château de Chinon.

renaissance de l'occultisme, etc.

Les Templiers, l'ordre du Temple, ont alors offert un répertoire infiniment séduisant pour l'esprit, voire de véritables schèmas de structures comparables à ceux que, sur un plan évidemment fort élémentaire, les ouvrages de Rudyard Kipling offrirent au scoutisme. Ainsi les compagnonnages, nés peut-être au XIVe siècle, se réclameront-ils des «secrets» du Temple. A notre époque encore foisonnent les ouvrages de collections, les articles de magazines dits «historiques», où se trouvent galvaudés les plus ahurissants racontars sur des secrets de Templiers rejoignant les secrets des Pyramides et surgis de la même veine; on y retouve tout ce qui caractérise les mythes modernes, du Masque de fer au trésor des cathares à Montségur, abusant un public dont la crédulité étonne en notre siècle de progrès scientifiques, avec le plus déconcertant mélange de supercherie, de dogmatisme et d'une bonne foi souvent touchante. En 1972, se produisait ainsi, dans une tour du château de Chinon, la «découverte» de graffiti de Templiers, dans des conditions telles qu'il n'était pas douteux que l'auteur de la «découverte» ne fût sincère; mais ce genre de sincérité n'est pas un critère recevable en matière historique et il eut mieux valu pour lui acquérir quelques connaissances paléographiques, moyennant quoi il se fut aperçu que les caractères qu'il croyait discerner dans le calcaire tendre et passablement effrité de la tour du Couldray ne pouvaient en aucun cas avoir été tracés au début du XIVe siècle, époque où les Templiers y ont été enfermés. L'erreur était dans ce cas d'autant plus surprenante que depuis longtemps ont été découverts dans la même tour des graffiti, qui eux, peuvent être, avec la plus grande vraisemblance, attribués aux Templiers prisonniers; une très simple comparaison entre les caractères tracés et les caractères supposés, aurait dû suffire à éliminer l'erreur; la belle inscription : «Je requiers à Dieu pardon», les croix, les personnages divers gravés dans la pierre sont bien ceux que pouvaient dessiner des prisonniers à l'époque de Philippe le Bel – sans qu'il soit nécessaire pour cela d'aller chercher des interprétations relevant d'un hermétisme et d'un ésotérisme de pacotille : sur tous les murs de prisons, on relève de semblables tracés, allant du dessin tout simple, carrés, rectangles, étoiles, aux reliefs plus élaborés, sans qu'il soit nécessaire d'invoquer des interprétations magiques, alchimiques, hermétiques ou autres!

Que ne se servaient-ils alors de leurs pouvoirs secrets, ces malheureux

Templiers acculés à la mort et qui, sur le bûcher, clamèrent leur innocence?

Il reste que les graffiti émanant de templiers sont en effet intéressants et dans bien des cas contribuent à révéler une mentalité: celle des prisonniers accablés sous d'injustes accusations; ainsi en est-il de ceux qu'a découverts, dans la tour de Domme, en Périgord, P.-M. Tonnellier, où, à travers des inscriptions vengeresses (*Clemens destructor Templi*), de très beaux crucifix, des anges d'apocalypse, les Templiers clament l'injustice de leur sort et le calvaire qu'ils subissent.

Là est l'histoire, et l'on peut penser que l'intérêt actuel pour l'archéologie fera découvrir encore beaucoup d'inscriptions véridiques, à défaut de «secrets» illusoires et de «trésors» chimériques! La contribution de telles découvertes serait infiniment précieuse pour l'Histoire, et les chercheurs passionnés ne tarderaient pas à se rendre compte que là est le «trésor» à découvrir, dans les explorations méthodiques aussi bien des lieux de détention que, plus simplement, des très nombreuses commanderies de Templiers dont subsistent des vestiges.

Il ne fait plus de doute aujourd'hui que ces recherches méthodiques, d'ailleurs déjà entreprises ou menées à bien en plusieurs régions, n'amènent à élucider pleinement ce qui demeure obscur dans l'affaire des Templiers.

Régine Pernoud,
Les Templiers,
op. cit.

Les nouveaux «templiers»

Une tradition veut que Jacques de Molay, jugeant l'Ordre perdu, prit les mesures propres à le maintenir. Il confia le secret, les reliques et le trésor du Temple à son neveu, le comte de Beaujeu. Ah! quelle détestable et extravagante littérature cette histoire de Trésor du Temple suscita, entretint, et jusqu'à nos jours! Beaujeu rassembla les débris de l'Ordre et fut élu Grand-Maître. A sa mort, Aumont lui succéda qui était un des Templiers réfugiés en Ecosse. Et ainsi de suite… Si bien que le Magistère de l'Ordre se serait perpétué à travers les siècles, sans aucune interruption. Cette tradition n'est pas

dénuée d'intérêt. Elle a été reprise par la franc-maçonnerie et par d'autres sociétés secrètes ou non.

Michel de Ramsay, véritable propagateur de la franc-maçonnerie (du Rite écossais) en France, rattache ce mouvement aux chevaliers du Temple, mais en cherche les origines plus avant. Selon sa théorie, les Templiers étaient déjà des francs-maçons. Les vrais fondateurs de la franc-maçonnerie eussent été les Croisés. La Maçonnerie eut constitué un Ordre militaire et religieux. A cet égard son Discours (considéré encore aujourd'hui comme une sorte de bible maçonnique) est extrêmement net :

«Les Croisés, rassemblés de toutes les parties de la chrétienté, dans la Terre sainte, voulurent réunir en une seule confraternité les sujets de toutes les nations. Quelle obligation n'a-t-on pas à ces hommes supérieurs qui, sans intérêt grossier, sans écouter l'envie matérielle de dominer, ont imaginé un établissement dont le but unique est la

Certains écrivains étaient persuadés que les rites maçonniques étaient proches de ceux de l'ordre du Temple, comme sur cette illustration du XIXe siècle.

réunion des esprits et des cœurs pour les rendre meilleurs et former, dans la suite des temps, une nation spirituelle?[…] Ils étaient, non seulement des architectes qui voulaient consacrer leurs talents et leurs biens à la construction des temples extérieurs, mais aussi des princes religieux et guerriers qui voulaient éclairer, édifier et protéger les temples du Très-Haut.»

En 1754, le chevalier de Bonneville, reprenant les données de Ramsay, créa «le chapitre de Clermont» du Rite écossais toujours en vigueur.

En 1760, le baron von Hund se sépara du «Chapitre de Clermont» et fonda la «Stricte Observance Templière».

Dans son ouvrage *Du régime de la stricte observance*, il expliquait ainsi les origines de la franc-maçonnerie : après l'arrestation des Templiers, le Maître d'Auvergne, Pierre d'Aumont, passa en Ecosse où il rejoignit d'autres frères fugitifs. Réunis en Chapitre, ils l'élurent Grand-Maître. Afin de se soustraire aux poursuites, tous avaient revêtu des habits de maçons.

Le successeur du baron de Hund fut le duc de Brunswick qui changea le nom de «Stricte Observance Templière» en celui de «Régime Ecossais Rectifié». Parmi les grades les plus élevés figurait (et figure encore) celui de «Templier», qui se subdivisait en trois classes : Eques, Socius, Armiger.

D'autres rites maçonniques s'écartèrent résolument de ces thèses mais, en général, tous gardèrent une sympathie bien explicable pour les Chevaliers du Temple. Il n'y a pas à se demander pourquoi! Les Templiers furent les victimes de ce que les maçons haïssaient le plus : l'inquisition et l'absolutisme royal. Que l'esprit du Temple ramifié, modifié selon la conjoncture et la terminologie modernes, se maintienne dans certaines loges, on ne peut le nier. Mais il est l'apanage des seuls hauts dignitaires qui rêvent, eux aussi, d'une république à l'échelle du monde, d'un cosmopolitisme total et d'une humanité meilleure, et dont la pensée profonde, le mode d'expression, les ferveurs intimes ont quelque chose d'authentiquement mystique.

Il en va de même des associations, secrètes ou publiques, qui se proclament ingénument templières, telle la Société Jacques de Molay aux Etats-Unis.

La plus extraordinaire, et la plus voyante, fut celle que fonda Bernard Fabré-Palaprat sous le Premier Empire. Fabré-Palaprat se prétendait successeur légitime de Jacques de Molay et produisait, à l'appui de ses dires, une «généalogie» des Grands-Maîtres où figuraient les noms illustres de Du Guesclin, Chabot, Duras, Condé, Conty, Cossé-Brissac et, *in fine*, le sien évidemment. Napoléon le soutint un moment, espérant sans doute que le mouvement prendrait ainsi de l'ampleur et pourrait être utilisé. Il autorisa le nouveau Grand-Maître à organiser de fastueuses cérémonies où les chevaliers parurent dans les uniformes blancs des Templiers, mais enrichis de ceintures à franges, de baudriers incrustés d'or, coiffés de toques à aigrettes selon la mode du temps. Fabré-Palaprat portait modestement un globe surmonté de la vieille croix pattée. Cette mascarade fut sans lendemain. Et cependant tout avait été mis en œuvre pour que l'entreprise réussisse; elle bénéficiait de l'appui des pouvoirs publics; un *Manuel des Chevaliers du Temple* avait été publié à grands frais. J'ai eu entre les mains un exemplaire de ce petit livre. Il contient un historique de l'Ordre, la liste des dignitaires et la Règle nouvelle. Les titres étaient innombrables et superbes : «Lieutenants Généraux, Suprême Précepteur, Grand Connétable, Légats magistraux, Comtes consistoriens et palatins, etc.» Fabré-Palaprat avait aimablement divisé la planète en Provinces de rêve : en lui faisant sa cour, on pouvait devenir : Frère Hyacinthe-Henry de Tartarie-Moscovite, ou de Corée, ou de Zanguebar. Mais «l'affaire du Temple», et c'en était une, excellente! avait aussi ses aspects sérieux. L'article 49 de la Règle prévoyait : «Tout Chevalier, quels que soient ses charges ou bénéfices, qui refuse d'acquitter ce qu'il doit à l'Ordre, à quelque titre que ce soit, après avoir été mis en jugement, d'après les formes ci-dessus, est condamné à être suspendu des honneurs de la chevalerie…» Certes, nous sommes loin des «Egards». Mais Fabré-Palaprat était marchand de titres calligraphiés sur un magnifique vélin et dûment scellés de la croix de l'Ordre…

Georges Bordonove,
Les Templiers,
op. cit.

A propos du «Temple solaire»

Ce titre rappelle l'abominable tragédie qui s'est passée en Suisse et au Canada au mois d'octobre 1994 : une trentaine de morts découverts dans une ferme incendiée à Cheiry, dans le canton de Fribourg; d'autres morts étaient par ailleurs découverts à Salvan, dans le Valais, et deux autres au même moment, en relation avec les précédents, à Morin Heights près de Montréal. Tous dans les mêmes conditions de suicides collectifs suivis d'incendie. Tous appartenant à une même secte qui s'intitulait «Ordre du Temple solaire» et avait décidé cette fin collective.

En fait, une centaine de sectes à travers le monde se déclareraient aujourd'hui, paraît-il, comme recueillant la succession des Templiers poursuivis par Philippe le Bel et dissous par Clément V en 1312. Ce qui n'est pas sans susciter quelque inquiétude sur la santé mentale de certains de nos contemporains, peu nombreux, espérons-le.

Mais ces errements suscités par l'histoire des Templiers remontent loin dans le temps. Et d'abord, les circonstances même de leur arrestation et du procès qui leur fut fait en France avaient été propres à causer l'émoi et à susciter les on-dit les plus extravagants; c'est intentionnellement qu'on répandait à leur propos les accusations qui pouvaient le plus émouvoir le bon peuple : blasphèmes, insultes à la religion, incongruités dans le cérémonial, vices cachés comme la sodomie – tout ce qu'une imagination dévergondée pouvait produire se trouvait abondamment diffusé par les agents, conscients ou seulement complaisants, de Philippe le Bel, suscitant consternation, stupeur et bavardages. Le système qui avait été précédemment employé à l'encontre du pape Boniface VIII et serait à nouveau utilisé lors des divers procès intentés par le roi, jusqu'au dernier : celui qui allait avoir pour victimes les propres belles-filles du roi et leurs amants supposés. Ce système était dès lors bien au point. Il faudra les déclarations solennelles de Jacques de Molay et de Geoffroy de Charnay et leur mort courageuse sur le bûcher pour démentir l'habile et très efficace jeu de propagande utilisé.

Par la suite, la mort rapide de Clément V, celle du roi quelques mois après la disparition du Temple, allaient frapper les esprits, l'un et l'autre n'avaient-ils pas été appelés à comparaître «devant le tribunal de Dieu»? Sur ce, les catastrophes naturelles qui allaient s'abattre sur le pays – deux années de pluies continuelles en 1315-1316, déterminant trois années d'une famine comme on n'en avait jamais connue, la modification générale du climat, conséquence de la descente des glaciers de l'Arctique qui allaient transformer le Grünland (la Terre verte) en terre blanche sous les neiges perpétuelles, d'où l'affaiblissement général de la température moyenne : tout cela affaiblit et décima aussi une population devenue plus fragile, sujette à un vieillissement plus rapide, en attendant les ravages qu'allait y causer la peste noire de 1348, fléau sans précédent.

Le monde ne retrouvait plus son ancien équilibre. Et l'épisode de la disparition du Temple marquait bien la fin de l'époque féodale : l'«heureux temps de saint Louis» demeurera dans les esprits comme une sorte d'Age d'or qu'il fut en effet si on le compare aux XIVe et XVe siècles, temps de guerres, de famines et d'épidémies.

Cela aura sans doute contribué à faire

de la disparition du Temple une sorte d'événement-clef – avec ce que leur nom évoquait d'ancienneté et de mystère –, car on n'a pas manqué de relier l'«Ordre du Temple» né au XIIe siècle, à ce Temple de Salomon, disparu depuis plus d'un millénaire lorsque les «Pauvres du Christ» ont été, selon la volonté du roi de Jérusalem, installés sur les locaux établis à son emplacement.

Finalement, on peut regarder comme une sorte d'hommage posthume – résolument hors de l'Histoire – cette longue renommée des Chevaliers qui avaient consacré leur vie à la défense des pèlerins et à celle de la Ville sainte.

Régine Pernoud

BIBLIOGRAPHIE

Sources imprimées

– Albon (Marquis d'), *Cartulaire général de l'ordre du Temple*, 1913-1922, 2 vol.
– Léonard (E-G), *Introduction au Cartulaire manuscrit du Temple (1150-1317) constitué par le marquis d'Albon… suivie d'un tableau des maisons françaises du Temple et de leurs précepteurs*, 1930.
– Curzon (Henri de), *La Règle du Temple*, Soc. de l'Hist. de France, n°74, 1886.
– Delisle (L), *Mémoire sur les opérations financières des Templiers*, 1889.
– Lizerand (G), *Le Dossier de l'affaire des Templiers*, Classiques de l'Hist. de France au Moyen-Age, 1923.
– Michelet (J), *Le Procès des Templiers, 1841-1851*, 2 vol.
– Oursel (R), *Le Procès des Templiers*, 1955. Voir du même les articles parus dans *Archeologia*, 1966, 1969, etc.

Et, parmi les publications de cartulaires :
– Higounet (Ch), *Cartulaire des Templiers de Montsaunès*, 1957.
– Magnen (E) et Gérard (P), *Cartulaire des Templiers de Douzens*, 1965.
– Petel (A), *Inventaire des biens de la commanderie de Payns*, 1910.
Entre beaucoup d'autres : Bouffet, Cabié, Chassaing, Loisne, etc.
– Principaux chroniqueurs :
– Guillaume de Tyr, et continuateurs (*Estoire d'Eracles*) dans *Historiens occidentaux des croisades*.
– Jacques de Vitry, notamment dans *Analecta novissima spicilegii Solesmensis* de J.B. Pitra, II, p. 405-421.

Bibliographie

– Dessubré (M), *Bibliographie de l'ordre du Temple*, 1928.
– Neu (H), *Bibliographie de l'ordre du Temple*, 1965.
– Dailliez (L), *Bibliographie du Temple*, 1972.

Principaux ouvrages

– Bordonove (G), *Les Templiers*, Fayard, Toute l'histoire…, Paris, 1963.
– Cousin (P), *Les débuts de l'ordre des Templiers et saint Bernard*, dans *Mélanges saint Bernard*, Dijon, 1953.
– Daras (Charles), *Les Templiers en Charente, les commanderies et leurs chapelles*, Soc. arch. et hist. de la Charente, 1981.
– Demurger (Alain), *Vie et mort de l'ordre du Temple*, Paris, 1985.
– Durbec (J-A), *Les Templiers en Provence. Formation des commanderies et répartition géographique de leurs biens, dans la Provence historique*, III, Marseille, 1959, fasc.35 et fasc.37.
– Favier (J), *Enguerrand de Marigny*, Presses Universitaires de France, 1963.
– King (G. G.), *A Brief Account of the military Orders in Spain*, 1921.
– Lambert (E), *L'Architecture des Templiers*, dans Bulletin monumental, CXII, 1954, fasc. 1 et fasc. 2.
– Lévis-Mirepoix, *La Tragédie des Templiers*, 1955.
– Melville (Marion), *La Vie des Templiers*, 1951, réed. 1974, Gallimard.
– Oldenbourg (Z), *Les Croisades*, Gallimard, Paris, 1965.
– Piquet (J), *Des Banquiers au Moyen Age : les Templiers*, 1939.
– Pernoud (R), *Les Templiers*, PUF, Que Sais-je?, Paris, 1974.
– Tate (G), *L'Orient des croisades*, Découvertes Gallimard, Paris, 1991.

TABLE DES ILLUSTRATIONS

37m Chapelle des Templiers, Metz, Moselle, photographie.
37b Chapelle des Templiers, Laon, Aisne, photographie.
38hg Eglise de la Vera Cruz, Ségovie, Espagne, intérieur, photographie.
38-39 Eglise de la Vera Cruz, Ségovie, Espagne, photographie.
39h Le couvent du Christ, château-fort érigé en 1160 par Gualdim Pais, Tomar, Portugal, photographie.
39b Château-fort d'Almourol construit par Gualdim Pais, Portugal, photographie Victor Magalhães.
40h Châtel-Pèlerin, Athlit, Israël, photographie.
40b Façade de la cathédrale des croisés, Tartous, Syrie, photographie.
41 Château de Safita, Syrie, intérieur du donjon, photographie.
42h Les travaux des champs, fresques du XIVe siècle, église Saint-Martin, Sargé-sur-Braye, Loir-et-Cher.
42m Templier en habit de maison, gravure in *Costumes* par Jacques-Charles Bar, 1778. *idem*.
42-43 La tour du Temple, Paris, gravure de Chastillon. Bibl. nat. de France.
43 Art des jardins, miniature in *Livre des prouffitz champestres* de Pietro de Crescenzi, XVe siècle. Bibl. de l'Arsenal, Paris.

CHAPITRE III

44 Prise d'une forteresse par les Croisés en Terre sainte, peinture de Henri Decaisne, XIXe siècle. Musée de Versailles.
45 Templier en habit de guerre, gravure in *Histoire de l'Ordre militaire des Templiers*, 1751, de Pierre Dupuy. Bibl. nat. de France, Paris.
46 Signature de Conrad III. Archives de la Ville, Berlin.
46bd Conrad III, gravure, XIXe siècle.
46-47 Louis VII prend la croix à Vézelay en 1146, miniature in *Les Passages faits Outremer* par Sebastien Mamerot, XVe siècle. Bibl. nat. de France, Paris.
47 L'armée des Templiers traversant une rivière, gravure in *The Knight Templars* de C. Addison, 1876.
48-49 Chapitre des chevaliers de l'ordre du Temple en 1147, peinture de Marius Granet, XIXe siècle. Musée de Versailles.
50 Siège d'Ascalon, miniature in *Les Passages faits Outremer* par Sebastien Mamerot, *op. cit.*
51 Les Etats latins à leur apogée, carte de Patrick Mérienne.
52m Rencontre entre Guy de Lusignan et Raymond III, comte de Tripoli, miniature in *Les Passages faits Outremer* par Sebastien Mamerot, *op. cit.*
52-53b Templiers combattants, in *Le Roman de Meliadus* par maître Rustician de Pise, XIIIe siècle. Bibl. nat. de France, Paris.
53h La Bataille de Hâttin, miniature in *Les Passages faits Outremer* par Sebastien Mamerot, *op. cit.*
54 Prise de Jérusalem par Saladin, miniature in *Chronique abrégée* par David Aubert, XVe siècle. Bibl. de l'Arsenal, Paris.
55hd La ville de Saint-Jean-d'Acre, gravure in *Histoire des Chevaliers de l'ordre de Jérusalem* par Giacomo Bosio, 1629. Bibl. nat. de France, Paris.
54-55b Rencontre entre Philippe Auguste et Richard Cœur de Lion, gravure.
56 Combat devant Damiette en 1218, miniature. Bibl. nat. de France, Paris.
57h-b Départ de Frédéric II de Hohenstaufen pour les croisades, miniature. Bibl. Marciana, Venise, Italie.
58b Frédéric II se couronnant lui-même roi de Jérusalem, gravure XIXe siècle.
59 Hermann de Salza assistant au couronnement de Frédéric II à Jérusalem en 1226, peinture de Karl Wilhelm Wach, XIXe siècle.
60 Chevalier teutonique, miniature in *Codex Manesse*, Bibl. de l'université, Heidelberg, Allemagne.
61 Renart propose la fusion des Hospitaliers et des Templiers, miniature in *Renart le Nouvel* de Jacquemart Gelée. Bibl. nat. de France, Paris.
60m Sceau et contre-sceau des Hospitaliers, 1356. Archives Nationales, Paris.
62h Saint Louis prisonnier, dessin in *Mémoires pour la vie de saint Louis* rassemblés par Peiresc. Bibl. Inguimbertine, Carpentras.
63 Jacques de Molay et les Templiers montent à l'assaut, peinture par Claude Jacquand, Château de Versailles.

CHAPITRE IV

64 Jacques de Molay, gravure in *Histoire des sociétès secrètes* de Pierre Zaccone, 1847. Bibl. nat. de France, Paris.
65 Sceau de Philippe IV le Bel, en majesté, 1286. Archives nationales, Paris.
66-67h Réception de Jacques Molay dans l'ordre du Temple en 1265, peinture de Marius Granet, XIXe siècle. Musée Calvet, Avignon.
66-67b Texte de donation d'une maison à l'ordre du Temple, incipit. Archives nationales, Paris.
68h Templiers et Hospitaliers recevant un trésor d'Henri II, miniature in *Roman de Godefroy de Bouillon*. Bibl. nat. de

CHAPITRE V

96 Le Temple de Paris, peinture anonyme, XIXe siècle, musée Carnavalet. Photothèque des Musées de la ville de Paris, © Spadem.

TÉMOIGNAGES ET DOCUMENTS

97 Le Templier, Jacques de Maillé, in *Les Tribunaux secrets* par Paul-Henri Féval, 1864. Bibl. nat. de France, Paris.
98 Réception d'un frère dans l'ordre du Temple, gravure anglaise du XIXe siècle. Photographie Jean Dubout.
100-101h La réception dans l'ordre du Temple in *The Templar's Chart* par Jeremy Cross, 1821.
102 Le camp des Templiers à Tibériade, in *The Knight Templars* par C. Addison, 1875.
104-105b Les différents types de chevaliers Templiers en Terre sainte, gravure du XIXe siècle.
106 Saint Bernard donne la règle aux Templiers, gravure du XIXe siècle. Bibl. des Arts décoratifs.
109 Les chevaliers du Temple en Terre sainte, gravure du XIXe siècle. Photographie Jean Dubout.
111 Chevalier hospitalier en compagnie de Renart, miniature in *Le Roman de Fauvel* par Gervais du Bus, XIVe siècle. Bibl. nat. de France.
112 Les Templiers au bûcher, en-tête de facture d'un marchand de la rue du Temple, gravure du XIXe siècle.
113 Graffitis templiers sur la tour du Coudray, château de Chinon.
115 Jacques de Molay emmené sur le bûcher, in *Histoire des sociétés secrètes* par Pierre Zaccone, 1847. Bibl. nat. de France, Paris.
116 Scène de réception d'un frère dans l'ordre du Temple, gravure du XIXe siècle.
119 L'incendie de la ferme et le suicide collectif des membres de la secte du temple solaire en octobre 1994. Photographie Arc.
120 Commanderie de l'ordre du Temple en Angleterre, XIIIe siècle, gravure, in *La Chevalerie et les croisés* d'après les grands ouvrages de Paul Lacroix, 1886. Bibl. nat. de France.
127 Chapelle templière de Coulommiers, photographie.

INDEX

CRÉDITS PHOTOGRAPHIQUES

Aisa, Barcelone 54-55, 94-95. Archiv für Kunst und Geschichte, Berlin 10, 46bd, 58b. Archives Tallandier, Paris 28-29, 47, 66-67b, 81, 95, 98, 100-101h, 102, 109, 113, 116, 124. Arsenal, Metz/C. Legay 33hd, 37m. Bibliothèque nationale de France, Paris dos, 11, 13, 14,15, 17,19, 22 m & b, 23, 24, 42m, 42-43, 45, 46-47, 50, 52, 53, 55h, 56, 57m, 61, 64, 68h, 72h, 78, 79h, 82, 82-83, 97, 111, 115, 120, 126. Biet, Mondoubleau 34-35. Bildarchiv Preussischer Kulturbesitz, Berlin 46, 59. Bodleian Library, Oxford 18, 28-29h. The British Library, Londres 73, 76, 86, 88m, 90b. Bulloz, Paris 88h. Casterman, Tournai 92-93. Charmet, Paris 70-71, 77, 104-105b, 106, 112. C.N.M.H.S., Paris 33b. Dagli Orti, Paris 1-7, 37b, 39h, 57 h & b, 60, 68m, 69. Diathéo, Paris 31 bd, 37h. Jean Dieuzaide, Toulouse 31h, 38, 38-39. D.R. 9, 25h, 36, 39b, 42h. Giraudon, Vanves 4e de couv., 43, 62h. Hubert Josse 12-13, 13, 16-17, 54, 70, 74, 74-75. I.N.A., Bry-sur-Marne, 72m, 83h, 90h, 91h. A. F. Kersting, Londres 1er plat, 26, 27, 32, 33hg, 40, 41. Lauros-Giraudon, Vanves 22 h, 80-81. Musée Calvet, Avignon 66-67h. Musée Magnin, Dijon 89. Musées de la Ville de Paris 96. Claude-Clément Perrot, Créteil 30, 31bg, 127. Réunion des Musées nationaux, Paris 17, 20-21, 44, 48-49, 63, 84-85. Roger Viollet, Paris Harlingue-Viollet 79b. Scala, Florence 86-87. Sygma 119. Jean Vigne, Genneviliers 25b, 60b, 65, 75, 91b.

REMERCIEMENTS

L'auteur et l'éditeur tiennent à remercier tout particulièrement Monsieur le sénateur Pierre Fauchon, Claude-Clément Perrot, Jean Larpenteur de l'Arsenal à Metz, Victor Magalhães au Portugal, Jacques Martin et les éditions Casterman.

EDITION - FABRICATION

DÉCOUVERTES GALLIMARD
DIRECTION : Pierre Marchand et Elisabeth de Farcy.
GRAPHISME : Alain Gouessant. FABRICATION : Violaine Grare. PRESSE ET PROMOTION : Valérie Tolstoï.
LES TEMPLIERS, CHEVALIERS DE DIEU
EDITION : Nathalie Reyss. MAQUETTE : Laure Massin (Corpus) et Dominique Guillaumin (Témoignages et Documents). ICONOGRAPHIE : Maud Fischer-Osostowicz. LECTURE-CORRECTION : Pierre Granet et Christine Monatte. PHOTOGRAVURE : Arc en ciel. MONTAGE PAO : Paragramme et Dominique Guillaumin.

Table des matières